# バスケットボール物語

*Basketball: its Birth and Development*

## 誕生と発展の系譜

水谷 豊
【著】

大修館書店

## ●はじめに

1891年の冬にアメリカ東部マサチューセッツ州スプリングフィールドの当時の国際YMCAトレーニングスクールで、J・ネイスミスによって産声をあげたバスケットボールは、1992年のバルセロナ・オリンピックに初めてドリームチームが登場したことがきっかけとなって、文字どおりグローバルスポーツへの道を歩み始めたと思います。

果して、それから15年を経た2008年の北京オリンピックの全世界へのテレビ中継では、トップの陸上競技に次ぐ高視聴率を得て、メガ・スポーツになりました。勢いを感じたのか、国際バスケットボール連盟は2012年8月に開催されるロンドン・オリンピックに出場が有力な国々の協会に対して、はやくも観戦チケットの購入予約を募り始めました。

1892年の初めに、ネイスミスが全米のYMCAに送られていた広報誌を通じてバスケットボールのことを紹介すると、さっそく多くのYMCAが飛びつきました。冬に屋内で行う体操などに代わる新しいスポーツを探していたからです。ところが、一般社会の関心はそれほどでもなかったそうです。それまで長く慣れ親しんできたアメリカンフットボールとはまったく異なって、「プレー中のからだのぶつかり合い」をきびしく禁じていることに戸惑ったからかもしれません。タックルに象徴されるような迫力ある攻防のプレーの応酬がひとつの魅力であるアメリカンフットボールと比べると、人びとの目にはまさに〝女々しい男がやるゲーム〟(a sissy game)と映ったのです。あげくの果てに、初期のころは、バスケットボールをプレーする者は、〝しとやかな女性のスポーツに興ずる弱虫男〟だと後ろ指をさされることもあったそうです。

バスケットボールがこういう印象で受けとめられた時期があったのは信じられないことであり、今日では想像もつかないような話です。誕生して１２０年の間にそれほどにもバスケットボールが大きな変貌を遂げた証拠だと思います。

さすがは発祥国アメリカ、その１２０年の移り変わりについて触れた本が刊行されており、創案者ネイスミス自身も生前に、バスケットボール誕生までの顛末や50年間ほどの国内外の普及・発展について書き残しています。また、草創期からＮＢＡが頂点となるまでがいくつかの視点から書かれた本も刊行されています。

さて、かなり前のことになるのですが、幸運にも、そのネイスミスの本を翻訳する機会を得ました。これが原点になって、以来、アメリカ、カナダをはじめ、国内でもバスケットボールの歴史を訪ね、それをいくつかの自著にすることができました。いわば、それらを総まとめしたのが本書です。

お読みいただく前にお断りしておきたいことがあります。インターネットのことです。昔のことも今のことも調べる内容の深さと速さが飛躍的にアップしました。それを念頭に、本書ではネット検索が可能と思われるところは省いたり、少ない記述で終えています。章によっては１９４５年ころまでにとどめています。そういうわけで、いささか舌足らずなところもあるかと思います。また、すでに上梓したものをリライトした内容の章もあります。そのうえで、参考文献を末尾に示しました。

では、エンサイクロペディアふうのバスケットボール物語をどうぞ。

水谷　豊

バスケットボール物語——誕生と発展の系譜 ●もくじ

# 第1章 世界最初のゲームとひとりの日本人

Genzabaro S. Ishikawa

## ◉バスケットボール誕生に立ち会った日本人

世界で初めてバスケットボールのゲームをプレーした者たちの中に、ひとりの日本人がいた。名前を石川源三郎《げんざぶろう》という。

１８９１年12月21日（月曜日）、アメリカ東部マサチューセッツ州スプリングフィールドの国際ＹＭＣＡトレーニングスクールの体育館。時計の針は午前11時30分を指していた。ゲームを考案した30歳になるインストラクターのＪ・ネイスミス（James Naismith）が受け持つ、２年制課程の

1、2学年合併クラスの体育の授業が始まろうとしていた。冬の季節は雪が積もるので、グラウンドでの授業は不可能になり、体育館での授業となっていた。当時、24名の学生が在籍しており、この日の授業には18名が出席していた。

9対9の2組に分け、トスアップからゲームは始まった。ボールはサッカーボール、ゴールは桃の収穫に用いる〝籠〟で、その籠が2つ、コートをぐるっと取りまく体育館のウォーキングやジョギングができるバルコニーの足元に釘で打ちつけられていた。なんと、それは床から10フィート(今も変わらない3・05m)の高さだった。

ネイスミスはこの日の様子をこう述懐している。

「心配していたように、初めはファウルが続いた。ファウル2回で次のショットが成功するまでサイドラインぎわに退場することになっていたので、大半が退場者となってしまった。しかし、無理もない。今までに一度も見たこともやったこともないゲームだから、いったいどうしたらよいか見当がつかなかったのだろう。チームワークなどあるはずがなく、とにかく、一人ひとりがベストを尽くすだけだった。フォワードは必死にショットを狙い、バックは相手のショットを懸命になって防ぐ。1チームの人数が多すぎた割にはフロアが狭すぎた。だから、フロアのどこにいても、全部のプレーヤーにショットチャンスがあり、誰もがショットを成功させて点を入れようと、もう無我夢中だった」。

フロアはおよそ11m×15mぐらいの広さしかなく、そんなところで大の男たち18名がショットしようと1個のボールを奪い合う。どのような様子だったかは、おおよその想像がつく。トスアップから1時間ほどが経って、ついに劇的な幕切れとなった。W・R・チェイス（1年生）が思わず放ったショットが成功して、やっとゲームが終了した。残念ながら、石川は世界で最初の得点シューターにはなれなかった。

この「新しいゲーム」は予想以上に大成功だった。授業は沸きに沸いたのだ。

1844年にイギリスのロンドンで生まれたYMCA（Young Men's Christian Association　キリスト教青年会）は、1861年にアメリカのボストンでも設立された。それをきっかけにアメリカ国内では急速にYMCAが社会に浸透していった。その理由は、青年会とは言っても、青年期の人たちだけを会員の対象としていなかったこと、健康を害している人たちも受け入れたこと、独身の人たちだけでもなかったことなどとされる。つまり、入会希望者なら

▲スプリングフィールドの国際 YMCA トレーニングスクール

誰でも歓迎し、支援が要る人なら誰にでも手を差し延べたことではないか。

増え続ける全米のYMCAからは、管理運営を担当するスタッフを求める声が高まった。そこで、「量と質の不足」を解消するために、1885年にマサチューセッツ州スプリングフィールドにスタッフの育成を目的とした学校を創設し、まず総務・庶務・会計などの責任を負う一般事業担当スタッフ養成科を設けた。だから、当初の名称は「キリスト教奉仕者学校」とされた。ところが、会員たちの体育・スポーツへの志向は強まるばかりで、いつしかYMCAは当時の貴重な社会体育・スポーツ施設の役割を担うようになっていった。当然のように、「キリスト教奉仕者学校」に対して体育・スポーツを専門的に担当するスタッフの養成を求める声は大きくなる一方だった。そこで、1887年に新たに体育部担当スタッフ養成科を設け、校名もYMCAトレーニングスクールとなり、1891年には国際YMCAトレーニングスクールと変わった。

▲国際YMCAトレーニングスクールの校章

## ◉ネイスミスと同級生だった「イシャカワ」

「イシャカワ」、つまり石川源三郎なる男。1866年7月27日に群馬県館林で父・石川喜四郎、母・うめのもとに生まれた。父は喜四郎定静と称し、当時の秋元藩藩士で禄高200石を与えられていた。1868年、戊辰戦争で歩兵隊長として旧幕府軍の彰義隊と戦い、戦死。一家は城下にとどまっていたが、やがて1871年に廃藩置県が行われ、父親代わりになっていた祖父も他界したので、母・うめは源三郎らと実家のある東京に移った。

20歳になった石川は、（士族の長男がどのような経緯で渡米することになったかは、不明だが）キリスト教を学ぶために横浜港からサンフランシスコに向けて旅立った。

到着後プレップスクールで英語を学んでから、1888年に神学校（Pacific Theological Seminary）に入学。ここで、「神から自分に与えられた使命は〝次代を担う若い人々への奉仕〟ではないか」と思い始めた。そして、サンフランシスコYMCAに通い始め、YMCAに対する理解を深めていった。

サンフランシスコの神学校で石川が抱いた「時代を担う若い人々への奉仕」という希望を達成しようと選んだのが、スプリングフィールドの国際YMCAトレーニングスクールだった。1890年、石川は一般事業担当スタッフ養成科に入学した。同時にネイスミスが体育部担当スタッフ養成科の「1年制課程」に入学しており、石川とネイスミスは同期生ということになる。翌1891年、ネイスミスは卒業して直ちにインストラクター（教員）に採用され、2年生になる同期生を教えることになった。石川が学んでいた科の学生たちはすでに大学時代や実社会でフットボールや野球などのスポーツを経験していた者が多く、雪に閉ざされた冬季の体育館で行う集団体操・行進などの授業は楽しいはずがなかった。

そこで体育部担当スタッフ養成科長のL・H・ギューリックの指示を受けたネイスミスが「それまでにない新しい形式のゲームの考案」に取り組んで、試行錯誤を重ね、頭上の水平のゴールにボールをショットし合うという画期的なゲームを考え出した。

1枚の貴重な写真が残っている。写真の中央がネイスミス、取り巻くのが18名の学生たち。確かにGenzabaro S. Ishikawa（ゲンザバロー・S・イシカワ）らしく読める。石川は間違いなくこの18名の中にいた。さしずめ、世界で最初のゲームをプレーした唯一の日本人ということになる。

もちろんネイスミスは石川のことをよく覚えており、「授業に出ていたとき、クラスの中に『イシャカワ』という名前の日本人がいた。彼は絵を描くのが上手で、12月21日のゲームの様子をスケッチしてくれた。翌年（1892年）、バスケットボールを紹介したときの挿し絵として使わせてもらった。…彼はその後ウィスコンシン大学（マジソン校）に入学し、卒業して間もなく帰国したと思う。ただ、日本にバスケットボールを伝えたかどうかははっきりしないが…」と書き残している。

## ◉日本にバスケットボールを伝えられなかった石川源三郎

石川はバスケットボールを日本に伝えたのだろうか。1892年に国際YMCAトレーニングス

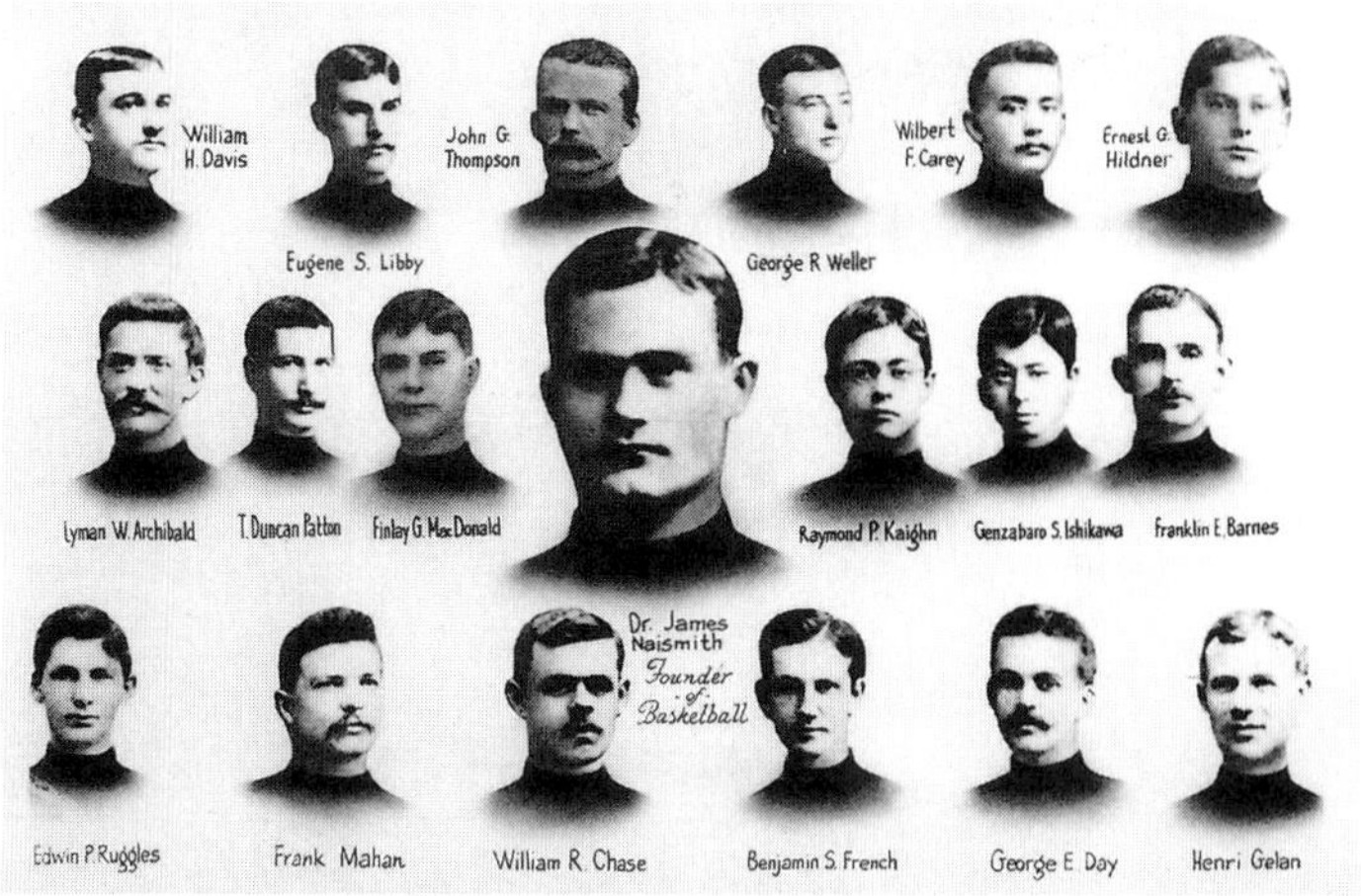


▲1891 年 12 月 21 日、最初のゲームをプレーした 18 人の学生たちと創案者ネイスミス（中央）。中段の右から２人目が石川源三郎。

▲石川源三郎が描いた最初のゲームのスケッチ

クールを卒業後、彼はサンフランシスコＹＭＣＡに戻った。そして、当時２０００人にのぼる在住日本人を対象に同ＹＭＣＡ内に「日本人支部」を設立した。ＹＭＣＡの記録には、「日本人支部を見事な手腕で引っ張っていったのは石川源三郎で、このアメリカの地で教育―それは英語だけではなくＹＭＣＡが担うべき働きとその達成の方法―を受けたネイティブ・ジャパニーズだ」と記されているが、バスケットボールを紹介したとは記されていない。

その後、石川は１８９７年の夏、中西部のウィスコンシン大学（マジソン校）で政治経済学などを学ぼうと大学院に入学した。スプリングフィールドでの経験を買われたのか、修士課程と博士課程を修了するまで、院生のかたわら体育の実技助手を務めていたが、バスケットボールを指導したという形跡はない。

石川は在学中に、カナダ・オンタリオ州アレキサンドリア出身のメアリー・C・マックレイという女性と知り合い、１９０１年8月15日に結婚した。そして、１９０１年末か翌年の初めに東京に戻った。

このころの日本の体育・スポーツは、１８７３～７５年にかけて野球、器械体操、陸上競技、漕艇などが学校に伝えられた。しかし、１９１０年代になっても、まだスポーツ施設は少なく、競技用具なども粗末なものだった。また、競技規則などは、その時々の〝申し合わせ〟という状況だった。

これでは石川がバスケットボールをどこかで伝えたいと思っても、とうてい受け皿はない。まさに時期尚早の一語に尽きる。

石川が自分を生かすことができたのは、スポーツ界ではなく、英語力とマネージメント力が役立つ経済界だった。1902年8月に三井物産入社、翌年6月ロンドン支店、同年9月ハンブルグ支店、1917年ロンドン支店と勤めて、帰国、退職という経歴が残っている。

このように海外勤務を選んだ理由には、次のような背景もあったようだ。石川と一緒に来日したメアリーは日本名を「マリ子」と称し、親戚関係への溶け込みに努力したらしい。しかし、石川家の親戚は、メアリーに対して源三郎の〝妻〟としては違和感を抱いていたようで、源三郎の結婚すら認めようとしなかったという。だから、あたかも日本を脱出するがごとく、ロンドンに旅立ち、ハンブルグに移った。

1906年に長女明美（メイベル）が誕生したが、1914年7月に第一次世界大戦が勃発。「24時間以内にドイツからの強制退去」の通告に対し、メアリーは日本への帰国を拒み、

▲石川源三郎と娘の長女・明美

明美とともにアメリカの伯父のところに身を寄せることにし、ドイツから去った。ひとり残った石川は、その後のロンドン支店勤務を経て1917年3月に帰国した。しばらくはメアリーに送金もし、日本に戻ることも勧めたが、彼女の心はかたくなに変わらなかった。やがて、いつしか音信不通となって、事実上、離婚。石川は人生の伴侶と明美を失った。

その後、再婚し、56歳のとき長男をもうけた。その長男によれば、石川はこういう様子だったらしい。

「スプリングフィールドでバスケットボールを初めてやったということを、父から聞いたことはありません。ただ、1941年に、バスケットボール生誕50周年の記念カードが送られてきたとき、『このカードの挿し絵は自分が描いた』と話してくれたのを覚えています」。

日本にバスケットボールが伝わったのは、1908年のことだ。もし、石川が帰国したときに日本に伝えていたら、その後の日本のバスケットボールの歩みも変わっていたかもしれない。石川は1956年12月7日に90歳の生涯を終えている。

石川は日本のバスケットボール界の黎明期を拓《ひら》くことはできなかったが、世界で初めて行われたゲームをプレーした唯一の日本人であることは間違いのない事実だ。日本はバスケットボールとは意外にもその「誕生」のときから結びつきがあった。

# 第2章 ゲームを創案したネイスミスの生涯

## ◉両親を失い、苦学しながら牧師を目指す

J・ネイスミスは、カナダ・オンタリオ州オタワの近郊、アルモントという町で1869年11月6日に生まれた。父ジョン・ネイスミス、母マーガレット・ヤングの一族は、スコットランドのグラスゴーからこの町へ来た入植移民だった。3歳上の姉のアニーと6歳下の弟のロバートの5人家族だった。

父ジョンは、春から秋はやせた土地を開墾した畑で農業を営み、かなりの雪に見舞われる冬には

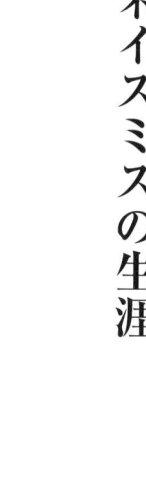

山での木の伐採・搬出の仕事で生計を立てていた。しかし、その収入は多くなく、親子5人の暮らし向きは決して恵まれたものではなかったが、ネイスミスたちは地元の学校に通い、日曜日になると両親とともに町の教会（長老派）に行って、一緒に祈りを捧げる貧しいながらも敬虔なクリスチャン・ファミリーだった。

ネイスミスが9歳のとき、父が腸チフスで亡くなり、その看病をしていた母も続いて亡くなると、母方の祖母アンと叔父ピーターとが暮らすヤング家に引き取られた。ネイスミスはめげることなく真面目に学校に通い、放課後は仲間たちとさまざまな遊びを重ねながら、体育・スポーツ好きの、がっしりとした体格の健やかな少年に長じていった。

11歳のとき祖母アンが亡くなった。このとき、ピーターは26歳だった。まだ14歳だったアニーが家事を担い、ネイスミスはピーターの農作業を幼いなりに手伝いながら小・中学校を卒業、地元の高校に進学した。だが、翌年に叔父から農作業をもっと多くやるように言われたので、やむなく、高校を休学することにした。そして、春から秋は農作業で、冬はかつて父が働いていたように山での仕事をして金を稼いだ。しかし、「自分の人生は果たしてこのままでよいのだろうか？」という疑問を抱き始め、いつしか、「自分のような逆境にある人々に救い

▲ネイスミスが９歳から過ごした家

の手を差しのべられる牧師になりたい。そのためには大学に行かなければならないし、神学校で専門的に勉強しなければならない」という気持ちが高まっていった。

叔父ピーターは賛成しなかったが、アニーの後押しを得て、1881年、20歳で高校に復学し、大学進学に欠かせないラテン語とギリシャ語の単位などを取得して、2年後に卒業した。進学先には幸い奨学金の貸与が決まったモントリオールのマッギル大学を選び、1883年9月にいささか年長の新入生となった。そして、一日も早く卒業し一刻も早く牧師になるために、他のことにはいっさい目もくれずに勉強に没頭する生活が続いた。

## ◉スポーツとの出会い

そんなある日の夜、自室で勉強をしていると、2人の3年生が訪ねてきて、机に向かっていることが多いネイスミスに「少しはスポーツをやって身体を鍛えたらどうか」と勧めた。

それに対して、ネイスミスは、「今のところ、この程度で体調を崩すことはないようです。それに、体育館やグラウンドに行って汗を流す時間が惜しいのです」と答えた。

しかし、2人が帰り、遅い時刻まで本を読んだ後にベッドに入ると、なぜ、あの上級生が自分のような新入生にアドバイスをしに来たのか、気になり始めた。そして、上級生が言ってくれたように、身体を動かしてひと汗かいてみることにした。翌日の午後、体育館に行って久しぶりに体操をやってみた。また、グラウンドでスポーツに取り組むようになったのも、偶然のことからだった。

ある日の夕方、親友と帰る途中、アメリカンフットボールチームの練習をしばらく見ていたときのことだった。センターが鼻を負傷してしまい、あいにくその代わりのプレーヤーがいならしく、居合わせた人たちに向かって、キャプテンが叫んだ。

「誰か、彼の代わりをやってくれませんか！」

すぐに返事をする者がいなかったので、ネイスミスは上着を脱ぎ、代わりを申し出た。練習が終わると、キャプテンがネイスミスに声をかけた。

「来週の土曜日、クイーン大学とのゲームがあるので、出てくれない？」

ネイスミスは彼の依頼に応ずることにして、新しいジャージーを買い（当時はすべて自前だった）、大学の対抗戦に初めて出た。それからというもの、ネイスミスが出場したときのチームは負け知らずだった。

奨学金はまるで〝学生スポーツ選手競技奨励金〟に変わってしまったのではないかと思われるほど、ネイスミスはすっかりアメリカンフットボールにはまってしまった。9歳のときに両親と死別し、貧しい生活に耐えながら過ごした高校までの日々に培われたネイスミスの負けじ魂はグラウンドで余すところなく発揮され、ついにマッギル大学アメリカンフットボールチームの重鎮となっていった。

▲学生時代のネイスミス

## ◉牧師への道から体育・スポーツの道へ

ある日、アメリカンフットボールの激しいゲームの最中に、仲間のプレーヤーが何か思うようにいかないことがあったらしく、激しい口調でネイスミスに文句をつけた。しかし、冷静さを取り戻すと、ネイスミスに顔を近づけ、小声で「ジム。さっきはごめんよ。思わず切れてしまい、君がそこにいるのを忘れていたよ」と言って謝った。ネイスミスが彼の失礼な言動に怒りを示したわけでもない。彼がどうして謝ってきたのか理解できず、内心、驚いた。あとでよくよく考えてみると、ネイスミスが彼の文句に言い返さないで、理性を失わず全力で戦ったことがその理由のように思えた。

二、三日経って、マッギル大学の近くにあり、キャンパス内に学生支部を設けていたモントリオールYMCAを訪ねた。そして、D・A・バッジ総主事にこのことを聞いてもらい、「牧師の仕事ばかりではなく、人々のためになるやり甲斐のある大切な仕事がまだほかにもあるような気がするのです」と自分の気持ちを話した。

これに対して、バッジ総主事は「マサチューセッツ州のスプリングフィールドに、YMCAトレーニングスクールという学校がある。そこに行くと、君のいまの考えを実現できるかもしれない」と答えた。

この話を聞いたネイスミスは、「神学校を卒業したら、ただちにスプリングフィールドに行こう」と決心を固めた。

１８８７年４月、ネイスミスはマッギル大学を卒業すると、すぐ隣にある長老派教会神学校（３年制）に入学した（アルモントで幼いときに両親たちと通ったのも長老派だった）。神学生としての本分にまじめに勤《いそ》しんだことは言うまでもない。ところが、当時、その神学校では「スポーツは人を堕落させるものだ」とみなす風潮もあって、母校マッギル大のチームに入ってアメリカンフットボールを続けていることは神学を学ぶ者にふさわしいとは思われていなかった。友人たちが部屋に集まって、（アメリカンフットボールによって落ちぶれていくのではないかと）ネイスミスを憐れみ、神に祈ったという話が伝わってくるほどだった。

　そして、依然として体育館とグラウンドでずっと体育・スポーツ活動を続けるネイスミスに対して、周囲の学生仲間や教授たちは〝スポーツに溺れて堕落する〟と、冷淡な目で見ていた。

▲ネイスミスが所属したアメリカンフットボールチーム。後列左から２人目がネイスミス。

しかし、ネイスミスに迷いはなく、「磨きあげた素晴らしいテクニックを発揮し、クリーンなプレーに徹することができる者は、ほかのプレーヤーの模範となる。そればかりか、若い人々に良き市民となることを教え、社会への貢献の尊さを学ばせ、人間としての幸福を理解させることができる」という信念があった。

1890年4月18日、牧師に就くことができる資格を授与されて長老派教会神学校を卒業したネイスミスはバッジ総主事のアドバイスどおり、直ちにスプリングフィールドに向かい、YMCAにおける夏季講習を経て、9月に国際YMCAトレーニングスクールの体育部担当スタッフ養成科（2年制）に入学した。

このとき、ネイスミスは、「若い世代の人々がスポーツに打ち込んでいるなかで、たとえ〝堕落した世界〟に落ち込むことがあっても、スポーツというものは最後には必ず彼らを好ましい方向に導いていく」と確信していた。

入学後の学科長L・H・ギューリックとの出会いは、ネイスミスに大きな影響を与えた。体育学、宗教学、医学に造詣の深いギューリックは、「若い世代の人々に尽くすことは単純に望ましい身体・知性・精神を育むことを意味するのではない。神（イエス・キリスト）がそうなさしめるように、全人性（知・情・意が調和した円満な人格）を備えた人間になるように、救

▲L.H. ギューリック

いの手を差しのべ、育み、鍛えることを言う」と考えていた。

ネイスミスはギューリックについて、「人生で感化を受けた数少ないうちのひとりで、どのような仕事に携わっていくべきかということだけではなく、自分の生き方そのものに計り知れない示唆を与えてくれた人だ」と述懐している。

## ◉ＹＭＣＡの体育指導者になったネイスミス

ネイスミスは1年後の１８９１年6月、国際ＹＭＣＡトレーニングスクールを卒業した。そして、9月の新学期からインストラクターに採用され、心理学、聖書研究、体育実技などを担当し、その冬の12月21日にバスケットボールを考案した。ちょうど30歳のときのことだった。

ネイスミスは、授業で学生を熱心に指導した。実技のとき、学生の怪我（切り傷・打ちみなど）に対して応急手当することもあり、次第に「医学を本格的に学んでみたい」という気持ちが強まっていた。１８９５年の夏季休暇に入って、タイミングよくコロラド州デンバーＹＭＣＡから体育講習会の講師として招かれると、ネイスミスの心は動いた。それは、ＹＭＣＡのすぐ近くにグロス医科学校（現在のコロラド大学医学部）があったからだ。デンバー滞在中に下調べをし、決心がついた。秋に入る前にネイスミスはスプリングフィールドの国際ＹＭＣＡトレーニングスクールを退職してデンバーＹＭＣＡに転勤し、同時にグロス医科学校に入学した。

ネイスミスはスプリングフィールドを離れる前の１８９４年6月20日、スクールのタイピストのモード・E・シャーマンと結婚した。その後、長女マーガレットを頭に、次女ヘレン、長男ジョン、三女モード、次男ジェイムズの5人の子供に恵まれた。次女の誕生が12月21日だったので、ネイスミスは「バスケットボールの〝誕生日〟と同じ日に二人目の娘が生まれるなんて、こんなめでたいことはない」と小躍りして喜んだという。

1898年4月、ネイスミスはグロス医科学校から医学博士号を授与された。

その後の夏のある日のことだった。ネイスミスが担当していたデンバーYMCAの体操のプログラムの最中に、受講者のひとりが頭から落下し、頸部を床に強打して死亡する事故が起きた。このショックから逃がれるように9月にはデンバーを去り、カンザス州ローレンスにあるカンザス大学に転勤した。肩書きは体育部長兼キャンパス宗教部長（チャペル活動担当）だった。授業は運動生理学、体操、フェンシングなどを担当し、赴任直後の数年はバスケットボールチームもコーチした。

1899年2月3日、ネイスミスがコーチするカンザス大学チームが初めての対外ゲームを行った。相手はカンザスシティYMCAで、残念ながら5-16で敗れている。このころ、キャンパスではまだバスケットボールにあまり関心がもたれておらず、この日のゲームのことも話題として盛り上がることなく、寂しい観客の数だったという。その背景には「男はフットボールをやってこそ真の男だ」という風潮が強く、バスケットボールは（ルールで身体のぶつかり合いが厳しく規制されていたので）「女々しい雰囲気。女性しかやらないもの」とみなされていたことがあったという。

## ◉ベルリン・オリンピックの正式種目となって

1914年7月、オーストリアとセルビアの対立が原因となって、第一次世界大戦が勃発した。ネイスミスは参戦しているアメリカ軍を後方支援するYMCAの一員となって貢献しようと決心した。大学に申し出ると、1917年にフランスで活動するために、「休職」が許可された。本部のあるパリに赴き、公衆衛生班で医療看護に携わった。

ネイスミス本人が「フランスでは各地に出かけることが多かった。きっと身長が少なくとも5cmは低くなっているのではないか」というほどの激務だったので、健康を害してしまった。終戦の翌年1919年春に帰国したときには、出迎えた妻のモードたちが思わず見間違うほどのひどいやせ方だった。帰国後はすぐにカンザス大学に復職した。

当時、カンザス大学のバスケットボールチームのコーチは、在学中はフットボール部で活躍し、卒業後は他校のバスケットボール部のコーチをやって、カンザス大学に戻ってきたF・C・アレンだった。やがてカンザス大学を全米バスケットボール界の屈指の名門校に育て上げたアレンは、1927年、全米バスケットボールコーチ協会（NBCA）の初代会長に就任。1930年ごろから「バスケットボールをオリンピック種目にすべきだ」と、IOC（国際オリンピック委員会）に対して強く訴えていた。同時に、「これが実現したら、ネイスミスは開催都市に迎えられ、〝創案者〟としてその栄誉に輝くべきだ」とNBCAにその賛同を求めていた。

1936年のオリンピック・ベルリン大会から男子バスケットボールが正式種目になる決定が伝わると、全米の各大学チームは「ネイスミスをベルリンに送ろう」と、ゲームのたびに観衆に募金を呼びかけた。新聞社もこぞって協賛・後援した結果、ベルリン往復の費用として予定した金額をはるかに上回る寄付金を集めることができた。

ベルリンへ出発する直前に同行を楽しみにしていた妻のモードが心臓発作で体調を崩したので、やむなく彼はひとりで旅立った。各国から依頼された講演を行いながらの「オリンピックへの旅」となった。

## ◉晩年のネイスミス

妻のモードは1937年3月4日、67歳で亡くなった。それからおよそ3カ月後の6月にネイスミスはカンザス大学を退職した。40年余も連れ添ったモードの他界はショックだった。見た目にも日に日に落ち込んでいくのがわかった。キャンパスの学生寮の寮母で、大学でネイスミスと長いこと顔なじみのフロレンス・K（56歳）は、可哀想で見ていられなかったという。彼女は歯科医の夫に先立たれていた。ネイスミスがフロレンスにプロポーズすると、フロレンスは「お互いが死んだら、同じ墓に入るのではなく、私は亡き夫の墓に。先生はモードと一緒の墓に」という約束をネイスミスとしてから、再婚に同意した。1939年6月10日のことだった。ハネムーンはネイスミスが一度は行ってみたいと夢見ていたフロリダへのドライブだった。車は二人が交代で運転したという。フロレンスはネイスミスのことを必ず「先生」と呼んだ。一方、ネイスミスはフロレンスのことをときたま「モード」と呼び間違えることがあったらしい。

5カ月後の11月19日、娘夫婦を迎えて夕食を楽しんでいる最中に脳溢血を起こして、病院に担ぎ

▲晩年のネイスミス夫妻。手にしているボールと足もとの籠は、バスケット創案当時のもの。

▲ネイスミスの墓石（カンザス州ローレンス）

込まれた。奇跡的に持ち直して、11月22日には退院して自宅に戻った。

回復に向かうかと思われたが、4日後、2回目の脳溢血がネイスミスを襲い、11月28日の午前1時50分についに息をひとり、78歳の生涯を閉じた。

葬儀は12月1日、午後2時30分から第一長老派教会で行われ、ローレンスのメモリアルパーク墓地に埋葬された。

地元紙は次のような追悼文を掲載して、ネイスミスの死を悼んだ。

「青少年のスポーツ界は、バスケットボールの父・ネイスミス博士という偉大な恩人を喪《うしな》った。博士は心底から青少年のスポーツに尽力していた。だから、その恩恵がいかに大きなものだったか、やがて身にしみるときが来るだろう。カンザ

▲次代を担うプレーヤーたちとネイスミス

ス大学はもとよりカンザス州、あるいはアメリカ合衆国、世界の国々にとってはまさに〝巨星堕つ〟としか言いようがない。長年にわたる博士のバスケットボール界への貢献は、時間がいかに経っても、いささかも色あせることなく語り継がれていくだろう」。

▲アメリカで発行されたネイスミス生誕100周年の記念切手（原寸大）

# 第3章
# 「バスケットボール」誕生の背景

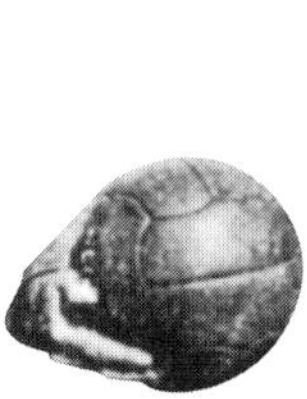
最初のゲームに使ったサッカーボール

## ◉当時のスポーツ事情

1891年の夏、国際YMCAトレーニングスクールで、全米各州のYMCA体育・スポーツ担当スタッフを集めて夏期講習会が開かれた。このとき、受講者たちから「体育館で行う冬季講座に来ている会員たちは、体操中心の内容にまったく関心を示さなくなっている」という各地のYMCAの苦況が異口同音に報告された。そして、従来の体操にとって代わる冬季の屋内種目として、これまでにない「新しいゲーム」が必要であり、冬になるまでにそれを準備しなければならないことは不可避だった。

1870年代末ごろからのアメリカでは、陸上競技とアメリカンフットボールは大学対抗戦が行われるほどになり、学生たちの一、二を争う人気スポーツになっていた。また、大学時代にスポーツを経験した者たちが卒業後に都会で職場を得ると、余暇にスポーツをやれる「クラブ」を探した。しかし、めぼしいものとしてはアスレチッククラブ、サイクリングクラブ、あるいはYMCAぐらいしかないのが実情だった。だが、このようなクラブは、冬季に入ると屋内スポーツ種目講座は用意しておらず、もっぱら昔からの体操だった。かつて大学でスポーツをやってきた会員たちがそれらのクラブの中心的存在になると、アメリカンフットボールと体操の面白さを比べて、冬季の屋内種目に対して露骨に不満を示した。つまり、旧来の体操中心の身体の鍛錬よりは、むしろスポーツする喜びや楽しさを求めていたのだ。

## ◉求められていた屋内の新しいゲーム

夏期講習に参加した受講者たちは、このような状況について解決策を見出そうと講習の日程が終わるまで熱心に話し合った。しかし、この問題を解決する具体策を提案できる者は、一人もいなかった。

この事態を重視した国際YMCAトレーニングスクールの科長L・H・ギューリックは、ネイスミスを含めた5人の教員とともに問題の解決に当たることを決めた。1891年9月から、毎週、検討会を開いた。そして、数回にわたる検討結果として、「面白くて、覚えるのもプレーするのも簡単で、しかも冬季に照明のついた屋内でできる〝新しいゲーム〟が必要だ」という結論に達した。

この結論に見合うゲームは、強いてあげるならスリーディープ、プリズナーズ・ベースといった屋内遊戯しかなかった。しかし、これらは子どもたちの「鬼ごっこ」や「ボール遊び」に分類されているもので、大学を卒業した年齢の会員たちが満足するわけがない。

ある日、ギューリックが「冬に屋内でやれる、まったく〝新しいゲーム〟というものはありえないのではないか。あるとすれば、それはすべて既存のゲームの要素を合成したものにすぎないのではないか」と、それまでとは違った観点から考えを述べ、染料や合成薬品のように各種のものを合成して製造する化学物質の場合を例にして、説明を続けた。

耳を傾けていたネイスミスが「もし、おっしゃるとおりであるとすれば、私たちが求める〝新しいゲーム〟を作り出すことは可能だと思います」と反応した。これを聞いた教員たちは伝統的に行われているゲームの諸要素をつなぎ合わせ、それまでになかったゲームを考え出すことにした。そして、教員のひとりが「じゃあ、次回の検討会の宿題に」と提案して、その場は終わった。だが、次の週の検討会では誰も妙案を出すことはできなかった。

当時の一般事業担当スタッフ養成科の学生たちの年齢は20～25歳で、大半の者がフットボールチームで活躍していた。冬季種目として授業で行う体操の平行棒の類《たぐい》を練習する気にもなれず、まったく冷めきっていた。

　見かねたギューリックがこう指摘した。

「ああいう〝おとな〟の授業は、体操のような身体づくりを目指すものではなく、むしろ、レクリエーション的なもののほうが向いている。スポーツをやりたいという気持ちを満たし、またやりたいという気持ちを起こさせるものでないといけない」。

　それを聞いていたどの教員も押し黙ったままだった。突然その静寂を破るように、ギューリックがネイスミスに向かって言った。

「君にあのクラスの授業を担当してもらいたい」。

　ネイスミスは自分が担当しているクラスでは、ボクシング、レスリング、フェンシング、水泳（すでに屋内プールがあった）などを取り入れ、学生たちの意欲も旺盛でうまくいっていて、問題はなかった。しかし、ギューリックは「一般事業担当スタッフ養成科の授業を任せる」と言う。

　ネイスミスは「なにか謀られているのではないか？」と、思わず疑心暗鬼になったぐらいだったという。さらに、「いまこそ、君が言っていた〝新しいゲーム〟を創る絶好のチャンスじゃないか」と言うギューリックの言葉を聞いて、「断れないな」と感じ、意を決して固く拳を握りしめた。同

▲国際YMCAトレーニングスクールの体育館

時に、ギューリックの表情からは「絶対だぞ！」という強い期待がひしひしと伝わってきた。
そして、ギューリックは「新しいゲームを創りあげ、そのゲームであのクラスの学生たちを無我夢中にさせること」という二つのことを念押しした。

## ◉学生たちを無我夢中にさせた新しいゲーム

ネイスミスは初めにアメリカンフットボールを屋内スポーツにしようとしたが、腕や足の骨折の続出が避けられないことが想像できた。つまり、ひどいラフプレーの〝やり合い〟になるのは目に見えていたし、学生たちにやらせてもすぐに嫌になってしまうことも予測できたので、フットボールは断念した。

そこで、サッカーを試してみた。ところが、あっという間に窓という窓のガラスがものの見事に粉々に割れてしまった。次にホッケーに似たラクロスを試してみたが、スティック（クロス）の先についている網は破れ、柄の部分を折ってしまう者が続出した。

これでは、どうしようもない―。ネイスミスは髪の毛をかきむしり、必死になって考えをめぐらした。

「フットボールでは、どうしてラフプレーが絶えないのだろうか？」。

「ボールを保持している者へのタックルが許されているからではないか？　では、なぜ、タックルが許されているのか？」。

「ボールを保持している限り、自由に位置を移動できるからだ。それを止めるにはタックルしかない。ならば、ボールを保持しているときに位置を変えることを禁じたら、タックルは要らなくなるのではないか？」。

ここまで考えてきて、ついに先が見えてきた。

「そうだ！　ボールを保持している者が位置を変えることができないとしたら、ボールを前に進めるためにはパスでつなぐしかない！　では、その目的はどうする？　相手のゴールにショットし合ってその成功数を競い合うようにしたらどうか？」。

次から次へとひらめきが続いた。「次はゴールをどうするかだ…」。ふたたび、あれやこれや考えをめぐらせた。

サッカーとラクロスでは垂直の面をもつゴールの前面にゴールキーパーを配置する。この場合、問題となるのは、ショットを決めるにはありったけの力でボールを蹴り込んだり、投げ入れたりしなくてはならないことだ。力を込めれば、それだけショットが成功する可能性も増す。だが、同時にラフプレーが生まれる恐れも増える。下手投げ（アンダーハンドスロー）だけに制限することも考えてみたが、面白くなくなってしまうことが想像できた。

ここまできて、ネイスミスの考えが立ち往生してしまった。

▲当時のフットボールのプレー

「シューターに対するラフプレーが起きないようにするには…？」。

そのとき、かつて子どものころ、故郷のアルモントでよくやっていた遊び、「岩の上の鴨」（Duck on the Rock）を思い出した。高さと幅が60cmほどの大きさの岩と、子どもたちそれぞれが握りこぶし大の石を用意し、誰か一人が自分の石を大きな岩の上に置く。これを「鴨」として、残りの子どもたちが離れたところから自分の石で「鴨」を当て落とすという、一種の「的当て遊び」である。この遊びのなかで、うまく当て落とすのは石を力いっぱい投げつけるのではなく、むしろ、軟らかく石が弧を描くように投げ上げていた仲間のことを思い出した。

このことから、ネイスミスは垂直のゴールを目がけて、まともに〝直球〟を投げつけるのではなく、水平のゴールに放物線を描くようにスローすれば効果的だし、力まかせに投げる必要性はさらさらなくなると考えた。

そして、次に「どのようにゲームを始めるか？」を、ギューリックのヒントに従い、ほかのゲームを想定しながら考えてみた。たとえば、ウォーター・ポロ（水球）は両端に横一列に並んでいる両チームの中央（センターライン上）にボールを転が

▲「岩の上の鴨」で使われた岩

す。そのボールを目がけて両チームがいっせいに飛び出す。しかし、これを体育室でやれば、大混乱が起きるのは必至だ。

では、ラグビーの方法はどうか。お互いのフォワードがサイドラインに対して直角に2列のラインを作り、その中央にコート外からボールを投げ入れる。ジャンプしてそのボールに飛びつき、キャッチするわけだが、そのときに肘や肩がぶつかり合うので、危険極まりない。

結局、ラフプレーを避けるやり方として、コート中央で両チームのセンタープレーヤーの間にボールをトスアップし、周囲の味方に平手ではたき落とさせることにした。

## ◉考えついた最初の13条のルール

ここまで考え出した内容をメモに書き留めると、全部で13項目になった。これがそのまま「13条ルール」となった。ネイスミスはそれを事務室の職員にタイプしてもらい、体育室の掲示板にピンで留めた。

第1条　ボールはサッカーのボールを使用し、片手あるいは両手で、どの方向にパスしてもよい。
第2条　ボールは片手、あるいは両手でどの方向に叩いてもよい。ただし、拳《こぶし》で叩くのは禁止する。
第3条　ボールを保持したまま位置を変えることを禁ずる。ボールをキャッチした地点に踏みとどまり、そこからパスしなければならない。かなりのスピードで走っているときにボールをキャッチしたときは、もしストップしようと努力していれば、1、2歩は許されることもある。

第4条　ボールは両手で保持しなければならない。両腕や体を用いてはならない。

第5条　どのような方法であれ、相手を小突いたり、つかんだり、押したり、つまずかせたり、叩いたりすることは許されない。この規則の1回目の違反は1個のファウルとする。2回違反を犯した場合は次のゴールが成功するまで退場とする。もし、故意に相手を傷つけようとするようなプレーであるとみなされた場合は、ゲーム終了後まで退場とする。この場合の交代プレーヤーの出場は認めない。

第6条　第2〜第5条で述べたことに1回違反を犯すごとに、1個のファウルとする。

第7条　両チームのどちらかが連続して3個のファウルを犯すと、その相手チームに1ゴールを与える。連続とはその間に相手チームがひとつもファウルをしない場合とする。

第8条　ボールが投げられるか、あるいは、叩かれてショットされ、バスケット内に入れば、ゴール成功である。もし、ボールがバスケットの縁に止まったり、また、ショットしたときに相手がバスケットを動かしたりした場合も、ゴール成功とみなされる。

第9条　ボールがコート外に出た場合は、最初にコート外のボールを保持したプレーヤーがコート内にスローインする。そのとき、スローアーは5秒間だけ相手チームから妨害されないで、ボールを保持することを許される。もし、どちらのチームのボールとなるか判定がつかないときは、副審がそこからまっすぐ投げ入れる。スローインの際に5秒間を超えると、ボールは相手側に与えられる。もし、スローインのとき、どちらかのチームがゲームの再開を遅らせようとした場合は副審がそのチームにファウルを宣告する。

第10条　副審はプレーヤーを審判し、ファウルを記録し、連続3回のファウルがあった場合は主審にこれを知らせる。主審は第5条によってプレーヤーを失格させる権限を有する。

第11条　主審はプレーを判定し、いつボールがインプレーとなるか、インバウンズになるか、どちら側のチームにボールが与えられるのかなどを決定し、競技時間を計測する。また、ゴール成功を確認し、その数も数える。このほかに、他のスポーツの主審が通常行っているような任務も務める。

第12条　競技時間は15分ハーフとし、間に5分間のハーフタイムを置く。

第13条　ゴール成功が多かったほうのチームが勝者となる。もし、同点の場合はキャプテンの同意のもとに、次のゴールが成功するまでゲームを続ける。

## ◉「バスケットボール」の名称は桃の籠とサッカーボールから

ボールはラグビーのような楕円球のものではなく丸いものを使うことに決めていたが、それらしきものはサッカーボールくらいしかなかった。ネイスミスは部屋の片隅に転がっていたサッカーボールを小脇に抱えて階下のフロアに降りて行くと、体育館の管理人がいた。

▲最初のゲームで用いられたサッカーボールと桃の籠を手にしたネイスミス

「45cm四方くらいの大きさの箱はないかね?」

「箱ですか?　あいにく、そういうものはないですねえ。でも、先生、桃を収穫するときに使う籠ならありますが…」。

「籠?　うん、それでもいいだろう。2つ、ここに持って来てくれないか」。

ネイスミスは籠を体育館の2階のバルコニーの足もとにくるように釘で打ちつけた。その高さはフロアからちょうど10フィート(3・05m)だった。おおむね準備は整った。ちょうど授業が始まる11時30分になりかけていた。真っ先に姿を見せた学生は、アイルランド系の熱血漢のフランク・マーンだった。アメリカンフットボールのゲーム中の強いタックルは、ほかの誰もまねができない。ネイスミスは内心、「彼が気に入らなかったら、この新しいゲームも学生たちには通用しないだろうな」と覚悟していた。その日の授業がいったいどうなるのか、皆目、見当もつかなかった。頭にあったのは「ショットが成功するかどうか」ということだけだった。

体育館に入ってきたマーンは、すぐに見慣れない〝もの〟が両端に打ち付けてあるのに気づいた。「おやぁ?　今度は籠か…」。好奇心が湧いてきたらしい。次に、ちらっとネイスミスを見て、「どうやら、新しいゲームのようだな…」とぼそっとつぶやいた。残りの学生たちの反応もおおむね同じだった。「どうせ、また、子どもがやるような〝お遊戯《あそび》〟なんだろう」とでも言いたげな様子だった。

その日の授業には18名の学生が出席しており、9名ずつの2チームに分けた。ネイスミスが両チームのセンターの間にサッカーボールをトスアップしてゲームが始まった。ネイスミスの心配をよそに、新しいゲームをマーンはもとより学生たちは無我夢中でプレーし、授業は大いに盛り上がった。

国際YMCAトレーニングスクールはこの日（12月21日）から数日後に、クリスマス休暇に入った。18名のほとんどの学生たちが帰省した。そして、めいめいの最寄りのYMCAに行き、さっそく〝初体験のゲーム〟のことを話したらしい。休暇が明けて、学生たちがキャンパスに戻ってきた。

マーンがネイスムミスの部屋を訪ねた。

「例の新しいゲームの名前のことだけど…」。

「名前？　まだ、決めていない。なにか、名前をつけなければと、考えているのだが…」。

「考え出したのは先生だから、いっそのこと、〝ネイスミスボール〟としたら？」。

「いやあ、せっかくだが、それだけは勘弁してくれ。なぜかって？　自分の名前をつけるのはどうも気が進まない」。

「それじゃあ、籠とボールを使うから〝バスケット・ボール〟にしたら？」。

「なるほど！　それは名案だ。そうしよう」。

こういうネイスミスとマーンとのやりとりから名称が決まった。

当時、国際YMCAトレーニングスクールでは、「ザ・トライアングル」（The Triangle）という広報誌が刊行されていた。ネイスミスはクリスマス休暇明けに出版された1892年1月15日付号に「バスケット・ボール」(Basket Ball)と題して、このゲームのことを詳しく紹介した。この広報誌は毎号が全米各地のYMCAに送られていたので、YMCAというネットワークを通じて新しいゲームのことは全米津々浦々に伝わっていった。バスケットボールの誕生日が「1892年1月15日」と記されたものがあるが、これはこの広報誌の刊行日のことであり、もちろん間違いである。

また、名称は初め Basket Ball という表記だったが、1921年から今日のように Basketball と1語で表わすように改められた。

# 第４章 アメリカにおける普及と発展

公認の専用球（1894年）

## ◉ＹＭＣＡの貢献

国際ＹＭＣＡトレーニングスクールの広報誌の「ザ・トライアングル」に掲載されたネイスミスの「バスケット・ボール」の寄稿は、次のような書き出しで始まっている。

「本校は読者各位に〝新しいボールゲーム〟を紹介したい。このゲームは各ＹＭＣＡで必ずや人気種目になる要素を備えている。グラウンドでアメリカンフットボールをプレーするときと同じ気分を体育館で味わえるからだ。このゲームは健康で人並みの体力のＹＭＣＡの会員なら誰でも無理なくプレーできるし、運動量も豊富だから、いろいろな筋肉を同時に働かせるので、オールラウンドな効果を期待できる。各ＹＭＣＡのチーム対抗戦も可能だ。目先の展開で一喜一憂することなく、落ち着いて場面、場面に反応できる心の動きや瞬間的な動作の素早さがより優っているチームが勝利するに違いない」。

バスケットボールが登場してからの国際ＹＭＣＡトレーニングスクール内の反響は大きかった。誕生して2カ月余後の１８９２年3月11日には早くも教員対学生のゲームが行われている。地元紙「スプリングフィールド・リパブリカン」は、翌日、次のような記事を掲載した。

「金曜日の昼下がり、同校体育館において２００人を超える観衆が見守るなか、教員対学生の一戦が行われた。メンバーは、教員チームがギューリック、クラーク、ネイスミス、スタッグ、モース、マイヤー、ボウン。対する学生チームはデイビス、マーン、トンプソン、アーチボールド、ラッグルズ、リビー、マクドナルドの7名ずつだった。教員チームは手抜きすることなく、スピード、パワーで学生チームを圧倒する勢いだったが、技で優る学生チームにいま一歩及ばず、1-5で苦杯を喫した。もっとも注目を集めたのは教員チームのスタッグだった。ふだんの授業ではアメリカンフットボールを教えており、同校のチームのコーチとしても名高い。昨日のゲームでは常に教員チームの大黒柱として大活躍し、唯一のショットを決めた。ただ、長年やっているアメリカンフットボールのプレー感覚から、学生を突き飛ばしたり押し倒したりして、ファウルはもっぱらスタッグに集中していた。そのほか、ギューリック、クラークもなかなかの奮闘ぶりだった。

学生チームでもっとも目立っていたのは、マサチューセッツ州ミルトン出身のラッグルズだった。なんと、ひとりで4本ものショットを成功させたのだ。もう1本のショットはカナダから来たマクドナルドが入れたのだが、よく動き、目覚ましい活躍だった。観衆はゲームにすっかり惹きこまれ、十二分に堪能したようだ。同校では近く体育部担当スタッフ養成科の2年生チームが再び教員チームに挑戦するという。また、同校が間借りしているアーモリーヒルズYMCAと、繁華街にあるスプリングフィールドYMCAの両チームが来週火曜日に対戦することになっている」。


冬に体育館でプレーできる斬新な種目を渇望していた全米各地のYMCAは、バスケットボールにいっせいに飛びつき、続々とバスケットボール講座を開いていった。

1892年4月、ニューヨーク・ブルックリンYMCAの中央ブランチのJ・W・イーラーから、「会員たちにゲームをやらせてみたところ、予想以上に気に入ったようです。間もなく、ブランチごとにチームが結成され、ニューヨークYMCAリーグが結成されました」という手紙がネイスミスに届いた。この時点で、ニューヨーク地区でどのくらいの数のYMCAとそのブランチがバスケットボールを導入していたのかはわからない。しかし、スプリングフィールドから各地のYMCAに次々と伝えられていったのは間違いない。

国際YMCAトレーニングスクールは、1892年9月刊行の「ザ・トライアングル」に図1のような広告を載せている。長くアメリカンフットボールに慣れ親しんできた当時のアメリカの人々に、目新しいバスケットボールの魅力をわからせようと工夫した。

1894年ごろには、バスケットボール活動の組織化の機運が盛り上がったYMCAが増えていった。たとえば、スプリングフィールドに近いコネティカット州ハートフォードYMCAでは、当初は気の合う仲間が集まってチームを結成し、思い思いに楽しんでいた。YMCAは毎週土曜日の夜は体育館を開放して会員たちが自由に使えるようにしていたので、いくつもチームが入れ替わり立ち替わりやって来た。この状況のもと、古顔の会員やバスケットボールに関心をもったさまざまな年代の会員たちが集まって話し合いを開き、バスケットボールリーグの結成とリーグ戦の立ち上げを決め、すべてのチームに構想が説明され、賛

フットボールように
ボールをキックするのではなく
手だけでボールを運び
フットボールのように
ゴールにボールを蹴り込むのではなく
手だけでスローし
フットボールのように
タッチダウンするのではなく
頭上のゴールへボールを投げ上げる。
人数の多少にかかわらず楽しめるゲームで
屋内、屋外どちらでもできる。
「やるスポーツ」としても
「見るスポーツ」としても堪能できる。

図1　国際YMCAトレーニングスクールの広報誌「ザ・トライアングル」に載せられた広告

同を得た。と同時に、館内に大きな掲示が張り出された。新聞社にも案内が送られ、記事にする約束もとりつけた。体育館使用チームの総会はおよそ70名の出席のもとに行われ、5名のチーム代表を選び、組織が整えられた。この過程で中心的役割を担ったのが銀行員、保険外交員、高校生たちで、二、三の異論もあったようだが、話し合いはまとまった。それから、「リーグ」加盟チームは名称とユニフォームカラーを決め、各チームがユニフォームを着用することと費用負担の仕方も決められた。さらに、5名の代表で実行委員会を立ち上げることも決まった。そして、この委員会がリーグの運営管理とゲーム日程の作成に当たることになった。

これは初期のころの一例だが、このようにYMCAは普及・発展に多大な貢献を果たしていた。

## ◉急な発展にみられた混迷

しかし、実際にはその普及は順風満帆とはいかず、混迷もあった。それは、次のようなことが理由となった。

(1) それまで体操を中心とした体育講座ならば一度に50～60人をこなせたものが、バスケットボールではわずか10人そこそこでフロアを独占してしまう。

(2) 当時のYMCAの体育館で体育講座を担当していたスタッフは、その大半が体操中心の指導に慣れ、また優れていたが、バスケットボールのような競技スポーツの指導経験がほとんどなかった。そのため、多くのチームがゲーム中にラフプレーやスポーツマンシップに反する行為を繰り返す原因となった。

とりわけ伝統を誇る古いＹＭＣＡほど、バスケットボールに対する抵抗が強かった。だから、体育講座担当スタッフは公然と批判し、露骨に締め出そうとした。各地のＹＭＣＡで普及・振興を妨げる状況が発生した。たとえば１８９７年のことだが、ペンシルバニア州フィラデルフィアＹＭＣＡは、バスケットボール人気が急速に高まったので、定例の体操講座が分裂する騒ぎになったほどだった。チームは次々と生まれる。体育館での練習を許可すると、当然、その他のいくつかの種目の活動に影響した。そこで、あるＹＭＣＡではとうとう「バスケットボール禁止令」を出してしまった。バスケットボールが体育館で行う他の体育活動から反発を招いたり、ＹＭＣＡ自身の評判を落としたり、好ましくない影響が出ることを考慮すると、講座から外さざるを得ない――というのが理由だった。

## ◉混迷が過ぎて

ところが、このような事態を変える明るい兆しが出てきた。バスケットボールに対する各ＹＭＣＡの実態を調査しようと、国際ＹＭＣＡトレーニングスクールの卒業生で、ネイスミスの教え子でもあるＭ・Ｔ・Ｊ・ブラウンが全米数百のＹＭＣＡにアンケートを実施した。

その結果、大部分のＹＭＣＡは「バスケットボール講座は古くからの継続会員たちに人気があるばかりか、新入会員を増やす理由にもなっている」と答え、「会員たちの定着率を高める講座になり得る」と感じていることも分かった。この「バスケットボール講座は有益」とするブラウンの報告は、各ＹＭＣＡの態度を一変させた。子どもたちのバスケットボール講座を新設したり、バスケットボールができるように体育館を整備し始めた。

ここに来て、ネイスミスはバスケットボールの広まりがＹＭＣＡを中心に全米規模の盛り上がりを見せる勢いとなってきたことを指摘し、さらに、①ボールをどのような方向にパスしてもよい、②ボールを保持したまま位置を変えることは許されない、③ブロッキング、タックリングのような身体接触が禁止されている、④水平面のゴールが頭上に設置されている、⑤ゲームの目的はボールを味方がキープして、相手ゴールへショットを入れる、という5原則のかつてない斬新さがその鍵になっていると分析していた。

結果的にネイスミスの指摘と分析が的中して、

▲初期の街角での試合。はしごの上の人がボールを取り出す。

バスケットボールはＹＭＣＡにおける混迷の時期を経て徐々に社会に根をおろしていった。顧みれば、１８９１年にデビューしたバスケットボールは、いわば時代の要求にまさに適合したスポーツだった。そればかりか、ネイスミスがバスケットボールを創案する過程で工夫をめぐらした点に、結果的に「プレーすればするほど、ますますその面白さに引きこまれる」というスポーツの本質が巧みに込められていたことになる。

## ◉全米大学選手権までの歩み

スプリングフィールドの国際ＹＭＣＡトレーニングスクールで教えていたネイスミスの同僚インストラクターのＡ・Ａ・スタッグが、１８９３年にシカゴ大学に転勤した。彼はさっそくチームをつくり、１８９６年に（実際は学生ではなく、ＹＭＣＡの会員で編成した）アイオワ大学と対戦して15-12で勝った。これが初の大学男子対抗戦だとされている。また、１８９５年2月にミネソタ州立鉱業学校とハムリン大学（同じミネソタ州）とが対戦しているが、「交代」のルールはなく、９人制だったので、本格的なゲームとは言えないかもしれない。

１８９７年、エール大学が32-10でペンシルバニア大学を破った。これは5人制で行われ、最初の公式戦だとされている。このゲームがきっかけとなり、１９０１年にエール、ハーバード、プリンストン、コロンビア、コーネルの5大学がリーグを結成して、エール大学が初優勝した。続いて、アムハースト、ホーリークロス、ウイリアムズ、ダートマス、トリニティの5大学もリーグを結成した。

このころ、チーム数の多いＹＭＣＡリーグもあったが、ラフプレーのやり合いの乱戦ゲームだったので、脱退チームが増え出して陰りが目立ち始め、アメリカ東部を中心とした大学は、ＹＭＣＡを抜いてバスケットボールの新しい有力な存在になりつつあった。

そして、大学、ＹＭＣＡ、ＡＡＵ（Amateur Athletic Union アマチュア運動連合。当時のニューヨーク・アスレティッククラブの提唱で、１８８８年にプロスポーツの弊害を指摘し、正統なアマチュアスポーツを振興する目的で15の加盟団体・クラブが加盟して結成された組織。＝新修体育大辞典等）、プロの４者がバスケットボールを支える勢力となった。

１９００年ごろの初め、大学バスケットボールはアメリカ中西部にも勢力が広がった。シカゴ、イリノイ、パデュー、ミネソタ、ウィスコンシンの5大学がウエスタン大学対抗バスケットボールリーグを結成した。それから5年も経たないうちに、太平洋側のカリフォルニア、オレゴン、ワシントンなどの各大学が集まってリーグを立ち上げ、大学のバスケットボールはアメリカを横断する形で組織化が進んだ。これを受けて、１９０５年には大学リーグの地域間交流が始まった。中西部のウィスコンシン大学とミネソタ大学がコロンビア大学との対戦で東部に赴いた。このとき、迎えたコロンビア大学が両大学を破って連勝した。これが全米で「どこの大学がチャンピオンなのか」という関心を集めるきっかけとなった。そして、大学バスケットボールの人気はほぼ全米で高まっていった。

アイオワ、ミネソタ、ワシントン、オレゴンなど学生数の多い大規模校では、数千人以上が座れる大きな体育館を持っていた。キャンパスではバスケットボール人気がうなぎ登りで、ゲームのたびに立錐の余地もないほどの超満員となった。現在はショットが成功すると自動的に相手チームのスローインとなるが、そのころはショットが成功するたびにセンターでのジャンプボールを行い、ボールを取ったチームが攻撃するルールだった。だから、ぎっしりとスタンドを埋めた観衆はボールの行方が気になって目が離せず、さながら釘付け状態だったという。

1930年の初め、当時のニューヨークのスポーツ記者協会にE・N・アイリッシュというライターがいた。ある日の晩、ニューヨーク市内のマンハッタン大学の小さな狭苦しい体育館でのゲーム取材を命じられた。体育館に着いたときはもう超満員で、まさにすし詰め状態だった。入り口は閉められてしまったので、窓によじのぼって潜り込もうとしたが、ズボンを破ってしまった。そのとき、アイリッシュは「こうやって大学の体育館にゲームを見に来る熱心なファンのために、1万人は座れる体育館があったら、人気イベントを組める」と思いついた。

そこで、当時のマジソンスクェアガーデンと掛け合い、ダブルヘッダー形式で大学のゲームを行うイベント契約を結んだ。そして、その準備に専念するためにスポーツライターの職を辞し、奔走した。ついに、1934年12月29日、ウエストミンスター、セントジョンズ、ニューヨーク、ノートルダムの4大学による初めてのイベントが実現した。第1ゲームはウエストミンスター大学が37－33でセントジョンズ大学を破った。第2ゲームではニューヨーク大学が25－18でノートルダム大学を降した。

〝興業〟として大成功だった。アイリッシュの予想をはるかに上回る1万6188人がマジソンスクェアガーデンに詰めかけた。結局、全部で8日間行われたが、合計観客数は9万9955人に上り、1日平均は1万2000人以上となり、そのころの世界大恐慌の不景気のなか驚くべき数字だった。それどころか、1940年までにトータルで101万4000人の観客動員を記録した。同時に、全米の強豪校の数チームが毎年マジソンスクェアガーデンで繰り広げられる熱戦は、あたかも全米大学選手権の様相を帯びていった。こういう状況のもと、1938年に全米大学招待選手権（NIT）が開催されることになり、マジソンスクェアガーデンで全米ベスト6が集う恒例のイベントがスタートした。第1回大会にはニューヨーク、ロングアイランド、ブラドレー、テンプル、コロラド、オクラホマA&Mの各大学が出場した。

その翌年の1939年に、NCAA（全米大学体育協会）がディビジョンIにランキングされている大学を対象として、独自のバスケットボール選手権を始めた。NITはマジソンスクェアガーデンを舞台に行われる〝選抜大会〟だが、このNCAA選手権は原則として各大学リーグ（カンファレンス）の優勝校とカンファレンスに所属しない優秀校の計8大学が出場する大会（日本で言うインカレ）だった。会場は毎年変わり、全米各地の大学の体育館で行うことになっていた。第1回大会の東地区準決勝はビラノバ、ブラウン、オハイオ州立、ウエークフォレストの4大学が競い、オハイオ州立大学がビラノバ大学を降した（53-36）。西地区準決勝はオクラホマ、ユタ州立、オレゴン、テキサスの4大学が競い、オレゴン大学がオクラホマ大学を破った(55–37)。決勝はイリノイ州のノースウエスタン大学パッテン体育館で行われ、46–33でオレゴン大学が初代チャンピオンになった。

1950年代まではNCAA選手権よりもNITのほうが格上の大会と評価されていたが、NCAAの大学スポーツに対する組織力(その高い権威と強い影響)が加盟校のバスケットボールの質的向上を促し、次第に屈指の全米大学ナンバーワン決定大会に成長していった。1951年には出場数が8校から16校に増え、1953年には22校、1974年に32校、1980年に48校、1984年に53校と増やされていった。そして、1990年には64校となり、現在は68校となっている。その「ファイナル4」は毎年3月~4月に行われ、テレビ中継されるので全米の大学バスケットボールファンがホームタウンの出場校を熱狂的に応援し、活躍に一喜一憂する日が続くので、〝マーチ・マッドネス〟(3月の狂騒)と呼ばれている。

▲当時のウイスコンシン大学とミネソタ大学のゲーム

1939年から2010年までの優勝校は、UCLA（11回）、ケンタッキー大（7回））、インディアナ大（5回）、デューク大（5回）などが目につく。近年はフロリダ大、コネチカット大などの台頭がめざましい。

## ◉初のアメリカ代表チーム

1936年にバスケットボールは男子オリンピック種目になった。これを受けて、当時の名将、ウィスコンシン大学のW・E・ミーンウエルが委員長となって専門委員会を設け、代表チームのヘッドコーチにJ・A・ライリー、アシスタントコーチに（そのころのアマチュアの企業チームの強豪だったユニバーサル映画会社のヘッドコーチのJ・ニードレスと国際石油精製会社のヘッドコーチのE・ジョンソン）を指名した。プレーヤーは二人のアシスタントコーチのチームから7名と6名と分け合い、ワシントン大から1名を加えた14名だった。つまり、アマチュアの企業チームが加盟していたAAU所属チームから13名、1名が学生プレーヤーだった。この編成で1936年のベルリン・オリンピックを勝ち抜き、史上初の金メダルをアメリカにもたらした。

ところが、次第にAAUとレベルアップが目覚ましい大学バスケットボールを仕切るNCAAとの間で主導権争いが起こった。やがて、AAU自身の後退もあって、アメリカは大学生主体のナショナルチームに変わっていった。つまり、アメリカのバスケットボールの担い手は、YMCAなどとAAUから大学へと変わった。したがって、以後のオリンピックへのアメリカ代表チームは学生プレーヤーで編成したチームになった。今日では想像しがたいが、当時のアメリカの学生チームは世界制覇できるほどの水準だった。だから、オリンピックにおける金メダルが常識となっていた。それが1968年のメキシコ大会まで続いた。

## ◉米ソの戦い

ところが、1972年のミュンヘン・オリンピックにおけるソ連（当時）との決勝戦で（テーブルオフィシャルの不手際とかいろいろな憶測を呼んだが）、とにかくアメリカは1点差で初めてオリンピックで敗れた。このときのアメリカ代表チームはもちろん学生プレーヤーで編成されており、キャプテンのK・デイビス（ジョージタウン大学卒。AAU傘下のマラソン・オイル会社所属）だけが23歳、残り11名は22〜20歳だった。とくにオリンピック至上主義を貫いてきたアメリカにとっては、対ソ連戦の50−51という敗戦は屈辱だった。

結局、ゲームの決着を承服できないアメリカは、「銀メダル」の受け取りを拒否して帰国した。その反撃は次のモスクワ・オリンピックだった。国際政治情勢を理由にしてアメリカをはじめ西側諸国がボイコットした（1979年12月のソ連軍のアフガニスタン侵攻に西側諸国が猛反発。1980年5月のIOC総会で投票［29対13］で最終的に決定された）。しかし、1980年のアメリカ（ロサンゼルス）開催のオリンピックで、（今度は1983年のアメリカ軍のグレナダ侵攻を口実に）ソ連、東ドイツ、ポーランドなど東側諸国から逆ボイコットされてしまった。そういう状況のもと、アメリカは決勝でスペインを96‒65で降して難なく金メダルを奪回した。ところが、１９８８年のソウル・オリンピックでアメリカは再びソ連に準決勝で76‒82というスコアで敗れてしまった。

## ◉ドリームチームの誕生へ

１９７６年にカナダのモントリオールで開催された国際バスケットボール連盟（ＦＩＢＡ）世界総会で、ＦＩＢＡ創設時から事務総長を務めていたＲ・Ｗ・ジョーンズ（１９３２年〜１９７６年）に代わって、Ｂ・スタンコビッチが第二代事務総長に就任した。これ以後、世界のバスケットボール界は新時代に入ったと言っても過言ではない。テレビと企業スポンサーとＦＩＢＡの三者の結びつきが一気に深まったからだ。このことは「ＦＩＢＡの『プロ容認』は１９８０年を過ぎたころからその下地が作られていった」とされることと重なる。ＮＢＡが初めてアメリカ以外の優れたプレーヤーに関心をもったのは、１９８５年のヨーロッパ選手権（於・ドイツ）だとされる。各国のプレーヤーも「チャンスがあればＮＢＡでぜひやってみたい」という気持ちが募っていったという。その結果、ヨーロッパ各国のプレーヤーがＮＢＡチームと契約するようになった。

１９８４年にＦＩＢＡはプレーヤーのコマーシャル出演を認めた。これによって、バスケットボール人気が高い国では人気プレーヤーが出演料を得るとともに、スポンサーは金を払う代わりに大きな宣伝効果を獲得できるようになった。企業はバスケットボールが自社（製品）の宣伝・広報手段となることを自覚し始めて、スポンサーシップの提供（オファー）を次々と買って出るようになった。

アメリカのメディアは、１９８８年の「王座陥落」から立ち直るためには「国際大会への道が開かれたＮＢＡと一枚岩で取り組むべきだ」とアピールし、アメリカ協会関係者も同調して、「世界でもっとも優れたバスケットボール王国であるアメリカの代表として、ＮＢＡはその中核を担う立場にある」と大勢の声は一致した。また、アメリカはソウル・オリンピックで学生だけで戦い、ＮＢＡは取り残された状態だった。ところが、ブラジルのシューティングマシン、オスカー・シュミットはイタリアでプレーするときは年俸数十万ドルのサラリーを稼ぐ正真正銘のプロだった。

▲第２代 FIBA 事務総長 B・スタンコビッチ

このような状況のもと、ＦＩＢＡのスタンコビッチ事務総長は、１９８９年からの「ＮＢＡプレーヤーのＦＩＢＡの開催大会への参加」を認めた。アマとプロとの境界線の消滅、プロ解禁だった。このＦＩＢＡの（それまでのアマチュア一辺倒からの脱却という）大方針転換を打ち出したスタンコビッチ事務総長は〝世界のプレーヤーを結びつけた人〟と呼ばれるようになったという。
当時、スタンコビッチ事務総長はＮＢＡの参加を認めることにした理由について、次のように述べている。

「ふたつある。まず、オリンピックはNBAレベルに近づいているのに、NBAからは誰ひとり参加していない。これは本来あるべき姿ではない。もうひとつは、とても単純なことだ。世界の最優秀プレーヤーによる競技こそがさらなるレベルアップをもたらす唯一のチャンスとなる。オリンピックに参加したランナーが（当時の世界的スプリンターと目されていたアメリカの陸上競技のスーパースターの）カール・ルイス選手と走るチャンスがそのとき以外にあるだろうか？　カール・ルイス選手と走りたくないランナーはいないはずだ」。

ＦＩＢＡは（創設された１９３２年以来の）アマチュア体制から完全に大きく舵を切った。このＦＩＢＡと（すでに「プロ解禁」に踏み切っていた）国際オリンピック委員会（ＩＯＣ）の思惑が一致し、「プロ解禁」が決定した。もはやアマチュアの大学生チームではオリンピックは勝てないと判断していたアメリカ・バスケットボール協会は、１９８９年４月にＮＢＡに１９９２年のバルセロナ・オリンピック代表チームの編成に協力を求めた。それに応じたＮＢＡは１９９１年９月21日にまず10名を公式に選考した。このうち、Ｄ・ロビンソンは１９８８年のソウル大会（３位）に出ており、「ぜひ金メダルがほしい」とチーム入りを熱望していたといわれる。Ｃ・ドレクスラーは１９９２年５月12日に加えられた。アメリカ・バスケットボール協会の「１名は学生」という方針のもと、デューク大学４年生のＣ・レイトナーが12人目に選ばれた。Ｃ・レイトナーはオリンピック後のドラフトでミネソタ・ティンバー・ウルブズから指名されてＮＢＡ入りした。

こういう経緯で、１９９２年のバルセロナ・オリンピックのアメリカ代表としてＮＢＡドリーム

表1　バルセロナ・オリンピックのアメリカ代表メンバー（ドリームチームⅠ）

| 氏名 | ポジション | 年齢 | 所属 |
| --- | --- | --- | --- |
| チャールズ・バークレー | PF | 29 | フェニックス・サンズ |
| マイケル・ジョーダン | SG | 29 | シカゴ・ブルズ |
| カール・マローン | PF | 29 | ユタ・ジャズ |
| クリス・マリン | SF | 29 | ゴールデンステート・ウォリアーズ |
| クライド・ドレクスラー | SG | 30 | ポートランド・トレイルブレイザーズ |
| パトリック・ユーイング | C | 30 | ニューヨーク・ニックス |
| スコッティ・ピッペン | SF | 26 | シカゴ・ブルズ |
| デビッド・ロビンソン | C | 27 | サンアントニオ・スパーズ |
| ラリー・バード | SF | 35 | ボストン・セルティックス |
| マジック・ジョンソン | PG | 32 | 元ロサンゼルス・レイカーズ |
| クリスチャン・レイトナー | PF | 22 | デューク大学 |
| ジョン・ストックトン | PG | 30 | ユタ・ジャズ |

▲アメリカ代表「ドリームチームⅠ」のメンバー（Photo of MEDIA GUIDE）

チームが誕生した。メンバーは表1のように錚々《そうそう》たる顔ぶれ（年齢・所属は当時）だった。

1992年6月28日、このドリームチームはオレゴン州ポートランドでアメリカゾーン予選が行われたとき、初戦で当たったキューバを136–57で難なく破った。ゲーム後にキューバのコーチは「燃えたぎる太陽を指で覆うなんてこと、できるわけがないじゃないか」とお手上げ状態だった。

残る5ゲームも圧勝で7月5日の対ベネズエラ戦を127–80で退けて、バルセロナ行きの切符を獲得した。オリンピックの期間中は選手村に泊まらず、ホテルに泊まったことについて、2010年にインタビューを受けたC・バークレーはこう語っている。

「みなさん、お分かりいただけないかも知れないが、チーム内には、殺されるかも知れないという〝恐怖感〟がありました。ホテルでは写真付き身分証明証の提示を厳重に義務づけられ、屋上のプールに行くと、ビキニ姿の女性ではなく10人ほどの短機関銃を持った頑丈な体の男性がプールを取り囲んで監視しており、すべてはテロに備えた警備のためだと言われました。私たちはVIPとして特別扱いしてもらいたかったので選手村に泊まるのを断ったのではなく、テロリストの襲撃を避ける必要があるというセキュリティ上の理由で、ホテル住まいになったのです」。

表2　バルセロナ・オリンピックのアメリカの成績

| ゲーム | 対戦相手 | スコア |
|---|---|---|
| グループA予選リーグ | vs. アンゴラ | 116–48 |
| | vs. ブラジル | 127–83 |
| | vs. クロアチア | 103–70 |
| | vs. スペイン | 122–81 |
| | vs. ドイツ | 111–68 |
| 準々決勝 | vs. プエルトリコ | 113–77 |
| 準決勝 | vs. リトアニア | 127–76 |
| 決勝 | vs. クロアチア | 117–85 |

熱狂的なファンがお目当てのプレーヤーを一目見ようと、チームが泊まっているホテル前に集まっていた。ヘッドコーチのC・デイリーによれば「まさにエルビス・プレスリーかビートルズになったような気分だった」という。対戦チームや他の種目の選手からはひっきりなしに「一緒に写真を撮らせて」とせがまれた。

バルセロナ・オリンピックにおけるアメリカの戦績は、表2（前ページ）のとおりだった。

## ◉ドリームチームのその後

当初、1992年のバルセロナ・オリンピックの代表チームのみを〝ドリームチーム〟と称するはずだったとされる。ところが、以後のオリンピックと世界選手権代表チームでもNBAプレーヤーで編成したチームをドリームチームと称し、1994年の世界選手権（於・トロント）はドリームチームⅡ、1996年のアトランタ・オリンピックはドリームチームⅢ、2000年のシドニー・オリンピックはドリームチームⅣと呼ばれた。ところが、その度ごとにトッププレーヤーの辞退が目立ち始めるとともに、1998年のFIBA世界選手権（於・アテネ）は、NBAのオーナー側とプレーヤー側の労使問題がこじれてオーナー側が「ロックアウト」（プレーヤーの全施設への立ち入り禁止措置）という手段に出て、トッププレーヤーによるチーム編成ができなかった。このようなことが理由となって、当初のバルセロナ・オリンピックのときのようなコンセプトと実体が希薄化した。

ドリームチームの輝きが薄れたもうひとつの要因は、NBAの外国選手だと言われている。2002年のFIBA世界選手権において、地元開催（於・インディアナポリス）だったにもかかわらず、散々な戦績だったことはよく知られている。予選リーグと決勝トーナメントでアルゼンチンとユーゴスラビアに負け、さらに、5‐6位決定戦でスペインにも敗れ、バルセロナ・オリンピックから続いていたドリームチーム不敗神話はあえなく潰《つい》えた。2004年のアテネ・オリンピックでは辛うじて銅メダルは取ったものの、この結果はバスケットボール王国を自任するアメリカとしては屈辱だった。では、なにゆえに、ドリームチームのこういうアップダウン（浮き沈み）が生じたのだろうか。

1992年のバルセロナ・オリンピック以降、各国・地域から優秀なプレーヤーがNBAへ流入し始めて、1995‐96年度は17カ国・地域、26人だったのが、10年後の2005‐06年度には36カ国・地域、82人と激増した。これらの外国選手はNBAでプレーするかたわら、FIBA世界選手権やオリンピックのときは帰国し、母国の代表チームのメンバーとなって〝打倒USA〟に燃える主力となる。バルセロナ・オリンピックのドリームチームから刺激をうけてNBAを目指したというドイツのD・ノビツキー（マーベリクス）をはじめ、フランスのT・パーカーズ（スパーズ）、アルゼンチンのM・ジノビリ（スパーズ）、さらに、スペインのP・ガソル（レイカーズ）、中国の姚《ヤオ》明《ミン》（ロケッツ）など…枚挙にいとまがない。

こういう外国から来た優秀なプレーヤーがごそっと抜けた後のアメリカ国籍をもつNBAプレー

ヤーだけで編成したドリームチームだから、レベルアップが顕著な諸外国チームとの接戦、苦戦が多くなって、次第に〝ドリームチーム〟のイメージは消えていった。

そこで、アメリカは「もう、NBAの顔の寄せ集め（スタープレーヤーの個人技）だけでは勝てない。チーム（組織力による攻防）で戦えるようにならなければ勝てない」と〝要《かなめ》〟のプレーヤーを固定、コーチ陣の継続も決めた。また、かねてからしばしば指摘されていた〝超高額サラリーを稼ぐ高慢なスター気取り〟を払拭し、国際（FIBA）ルールで戦う常勝NBAチームに脱皮させる方針に大転換した。2006年の世界選手権では銅メダルに終わったが、方針を変えることなく計画を進め、2008年の北京オリンピック決勝でスペインを退けて（118‐107）、雪辱優勝を遂げた。8年ぶりに頂点に返り咲き、メディアは〝ドリームチーム〟の発音をもじって〝リディームチーム〟（名誉回復チーム）と表現した。2010年9月、トルコでの世界選手権では、決勝まで破竹の勢いで勝ち進み、開催国トルコを81‐64と圧倒、優勝した。

アメリカはバスケットボールの原点回帰に取り組み、みごとに甦ったと言える。世界のバスケットボール界に君臨する威信と誇りを堅持する伝統は生きていたのだ。

# 第5章 ゲームの移り変わり

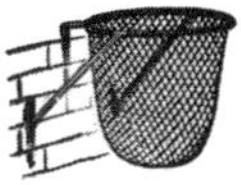
壁に取り付けたゴール

## ◉バスケットボールの基本原則

ネイスミスは考案を進める段階で、〝新しいゲーム〟には次のような基本的原則が必要だと考えていた。

(1) 軽くて両手で持てる程度の大きさのボールを用いる。
(2) ボールを保持したまま、位置を変えることを禁止する。
(3) ゲーム中は両チームの誰でもボールに触れたり、保持できる。

(4) 両チームはコート内であればどこでもプレーできる。ただし、身体がぶつかるプレーを禁止する。
(5) 水平のゴールを頭上に設置する。

そして、普及・発展が進むなかで、この5原則がまったく変わっていないことを強調している。何回もルールの改廃・増補が行われて条文は増えたが、ゲーム形式そのものが変わっていないのは、驚きではないかとも言っている。また、プレーヤーの年齢幅が大きく広がり、現役年数も3～4年から10年、それ以上に長くなったので、結果として、プレーヤーの技能が著しくレベルアップし、プレーの種類も増えたのは当然だと述べている。

## ◉1チームの人数

第3章で述べたように、当初、ルールはわずか13条だけだった。そして、どの条文にも「チームの人数」に関することは記されていない。ネイスミスは「両チームが同じ人数ならば何人でもよい」と考え、まったく頭になかった。だから、初めてのゲームのときにたまたま18人の学生がいたので、なんのためらいもなく9人ずつの2つのチームに分けただけのことだった。ところが、このことが理由となって、その後しばらく「ゲームは9人対9人で行う」というルールがまことしやかにアメリカ各地に伝わった。

現在は5人制だが、ここに至るまでにどのような経緯をたどったのだろうか。最初は両チームが同じ人数であれば制限はなかった。だから、珍ゲームもあった。コーネル大学（ニューヨーク州イサカ）では体育の授業で実に50人対50人でやっていたという。ボールがひとたび誰かにパスされるや、それを目がけて敵味方99人がいっせいに殺到する。100人がボールを追いかけ回る、すさまじいボール争奪合戦と化し、さぞかし見物《みもの》だったに違いない。だが、担当していたE・ヒッチコックは「もう100人ゲームはやめよう。この調子だと、体育館が破壊されかねない。1チームが50人というのはいかにも多すぎる」と、気づいた。ネイスミス自身も、1891年12月21日のゲームは人数の割には、フロアが狭すぎたと感じていた。

やがて、1893年に「バスケットボールがレクリエーションとして行われるときは人数制限なし。競技として行うときは体育館が小さければ5人、大きければ9人とする」ことになった。さらに、1894年には、「フロアの面積が167m²未満では5人とする。

▲初期のバスケットボールの試合。人数とゴールに注目。

面積が１６７～３３４㎡では７人とし、これ以上の広さでは９人とする」となった。その後、「両チームが同意すれば１チームの人数は５人とする」というルールを経て、１８９７年に「１チームの人数は５人とする」と改められて、今日のような「５人制」が確立した。

この「５人制」はその後一度も改正されることなく今日に至っている。リングの「高さ」とともに制定されたときのまま、今日のゲームに生き続ける数少ないルールのひとつだということになる。

## ◉ピボットとドリブル

ネイスミスが作成した13条ルールには「ドリブル」という言葉はない。つまり、最初、バスケットボールにはドリブルというコンセプトがなかった。

第３条で「ボールを保持したまま、（走ったり歩いたりして）位置を変えることを禁止」している。つまり、ボールをキャッチすると、絶対にその場に踏みとどまることを強いられる。しかも、「位置を変えることは禁止」というのは、「あたかも両足がフロアに接着剤でピタッと張りつけられ、その場にジッと静止して、両足を動かさない状態」を意味すると受けとめられた。

当然、ディフェンスはボールを保持しているプレーヤーからボールを奪い取ろうと、激しく当たってくる。そのときにできることはパスかショットしかない。ディフェンスが何人も自分に対して群がって来たら、とうていかわしきれるわけがない。そこで、ボールを奪い取られないように、ディフェンスの反対側の方向に、片足は動かさずにもう片方の足で１歩遠くに踏み出した。そして、踏み出した足の側に両腕を伸ばしてボールの位置も移した。こうすることによって、ディフェンスがその側に回り込んで来ない限り、一時、ボールを奪い取られるのを回避できた。しかし、ディフェンスがなお執拗に食い下がってくる。そこで、また、同じように片足の位置だけをさっきとは異なる方向に踏み変え、その方向に両腕を伸ばしてボールの位置も移し変えた。

これが、どちらかの足を軸足にして（ちょうどコンパスのように）、もう片方の足を360度いかなる方向に思うように踏み変えても第3条を犯していないし、ディフェンスからボールをキープするときの重要な技術になると解釈された。これが「ピボット」（pivot 軸を中心とする回転）と呼ばれるようになった。

しかし、ピボットがルールに違反していないと認められても、限界がある。いかにピボットを駆使しても、ディフェンスをかわしきれるわけがないからだ。そこで、ピボットしているうちにたまりかねて、思わずディフェンスから遠い側にボールを軽く放り投げ、ボールがフロアにワンバウンドしている間に（つまり、フロアから弾んだボールが空中にある間に）1歩なり2歩なり動いてそのボールを急いで追いかけて掴《つか》んだ。ここから、ボールをワンバウンドさせている間に動けば、第3条に違反しないし、この動作を連続すれば、そう簡単にはディフェンスにボールを取られないという発想が生まれ、ドリブル（dribble ボールを弾ませながら進む動作）と呼ばれるようになった。

ネイスミスはドリブルを「ボール保持者がディフェンスからボールを守る手段」として位置づけ、“a defensive measure”（直訳すれば「防御手段」か）と表現しているから興味深い。真意は「ボールを保持しているプレーヤーがディフェンスからボールを奪われないように守る、手段」だ。

第3条は換言すれば、「ボール保持者にやりたい放題をさせない」狙いも込められていたのではないか。ネイスミスの意図は、アメリカンフットボールのタックルのようなラフプレーが起きないようにすることにあった。タックルの禁止を前提としたのではなく、ボールを保持している者の行動を制限する（ボールを保持したまま位置を変えてはならない）ことによって「タックルは不要」になると思いついた。したがって、まずピボット、そしてドリブルも、オフェンスが激しいディフェンスからボールを奪われないように守る対抗策として、まさに窮余の一策のように思いついたと考えられる。今日、ドリブルはボールをディフェンスに奪われないようにする方法ではなく、オフェンスの必須の攻撃技術に変わったことは言うまでもない。

## ◉違反行為

とにかく、ネイスミスはゲームがアメリカンフットボールまがいの激しい攻防戦になるのを極力防ごうと腐心していた。だから、13条ルールのうち第5条、第6条、第7条で乱暴な行為を厳しく禁止し、その違反に科す罰（回数の記録、退場）と見返り（乱暴な行為をうけたチームへの得点）を定めた。

しかし、当然と言えば当然だが、それほどにも身体のぶつかり合いを細かく規制したゲームを経験した者はいない。考案したネイスミスとて、まったくの未知のゲームだ。初期のころのポジションの名称や役割には明らかにサッカーやアメリカンフットボールを参考にしていることからも想像がつく。ゲームの前までは「新しいゲームだから…」と意識していても、いざ始まると、どうしてもサッカーやアメリカンフットボール感覚になってしまった。タックルこそ排除することはできたが、実際はサッカーまがい、アメリカンフットボールまがいのゲーム展開だったと想像できる。初期のころ、激しい身体のぶつかり合いは当たり前で、一時、「屋内フットボール」と評されたほどだった。

やがて、そのたびに回数を記録し、一定回数を越えたときに退場を科すルール違反行為がファウルとなった。そして、回数は記録せず、ボールの所有が相手チームに移る場合のルール違反がバイオレーションとなった。

## ◉得点

最初の13条ルールには「得点」についての条文はないが、事実上、ショットが成功したチームは1点を得ると解釈されていた。他方、ボールがコート外に出ると最初にそのボールを保持したプレーヤーがコート内にスローインする（第9条）ことになっていたので、ボールが2階のバルコニーやコート周辺の観客席に飛び込むと、両チームのプレーヤーが先を争ってボールを取りに行く。だから、荒っぽい押し合い圧《へ》し合いになって、小突く、押す、掴む、叩くといったファウルが起こった。この場合、どちらかのチームが連続3回のファウルをすると、相手チームに1点を与えるという第7条が適用されたので、ショットの成功による得点よりもファウルによる得点で勝敗が決まることもあった。そこで、1ゴール3点、ファウルは1点とした。ところが、このいわば自動的に加算される〝ファウル点〟は不評だった。そこで、ファウルに対するフリースローが導入されて、ショット成功をフィールドゴールと呼ぶことになった。1895年にフィールドゴールは2点、フリースローは1点となった。このときのフリースローラインの距離はゴールから6・1mだったが、遠すぎてほとんど成功しなかったので、翌年には4・6mに短縮された。当時はショットの成功数が今日ほど多くなかったので、1901年に得点数を増やすという理由でフィールドゴールは3点となった。しかし、見直すべきだという意見が多くなり、すぐ翌年にはフィールドゴールが2点、フリースローが1点と再変更され、今日に至っている。

## ◉今日の3点ショット

国際バスケットボール連盟（FIBA）は、1984年6月のミュンヘンで開催した第12回世界総会で「3点ショットルール」（ゴールから6・25m離れたラインの外側から成功したフィールドゴールは3点とする）の導入を決定した。この原案を作成したFIBA技術委員会は、当時の世界のバスケットボールを「ゲームはこれまでのルール改正によって、さらに充実してきた。しかし、どのチームも高い成功率を誇るジャンプショットに対してディフェンスはまだ有効な対抗手段がなく、手を焼いているようだ。他方、長身プレーヤーの脚力やジャンプ力を使う技術の進歩が目覚ましく、さほど長身でもない小回りが効くプレーヤーに対応できるようになった。さらに、スタメンの5人にわずかな交代プレーヤーを加えて戦うゲーム展開ではなく、ひんぱんに交代プレーヤーを投入、駆使するゲーム運びに変わってきている。その一例がコートをいっぱいに使う、スピーディーな速攻戦法（Fastbreak）だ」と評価していた。

そのうえで、ＦＩＢＡ技術委員会は次のように考えたという。

「プレーヤーのショット能力をより発揮させ、プレーヤーの体格の違いから生ずる有利・不利を少しでも解消し、かつ観衆にもプレーヤーにもゲームの面白さが増すようなルールを新しく設けるべきではないか」。

その結果、「3点ショット」の創設が決まったが、ドイツは「ラインの引き直しに高額な費用がかかる」ことを理由に難色を示した。また、当時のアジア・バスケットボール連盟も「もし、優れた3点シューターが続出したら、総体的に体格で劣るアジアのプレーヤーはとうてい守りきれない。また、身長の低いアジアの3点シューターが長身の欧米のプレーヤーにマークされれば、3点ショットすること自体がおぼつかない」と反論した。

アジア・バスケットボール連盟がこのように考えたのは、当然、アジアのバスケットボールの特徴に絡む理由がある。すなわち、アジアのプレーヤーの長距離ショットの伝統的な巧みさには世界的な定評があった。身長に劣るアジアのチームが長身プレーヤーが揃う欧米各国チームに対抗できる技術は、ゴール付近のショットではなく、遠く離れた位置からの長距離ショットだった。身長で優位に立つ、とくにゴール付近のショットで圧倒できる欧米チームはさほど意に介さないできた。長距離ショットよりも、長身を生かしたゴール付近でのショットのほうが成功率がはるかに高いし、しかも、長距離ショットが成功してもほかのショットと同じ2点だからだ。

したがって、FIBA技術委員会も「今後は新しいタイプのプレーヤー（長距離ショットの名手）の育成が緊急課題になろう」と予測していた。

そして、3点ショットルールの施行に当たって、次のように結論づけた。

「長身プレーヤーがいつも最多得点者になるとは限らない。彼らのショットチャンスはかなり減少していく。つまり、体格の優劣ではなく、今まで以上に英知や技術の粋を発揮し合って勝敗を競い合うゲームになっていく。ディフェンスにしても、長身プレーヤーが頼りということにはならない」。

1985年にオランダがこういう意見を述べている。

「3点ショットルールは、身長にハンディはあるものの中・長距離ショットに長《た》けているアジアの女子プレーヤーが最も恩恵に浴するのではないか。長距離ショットが得意のプレーヤーには、まさ

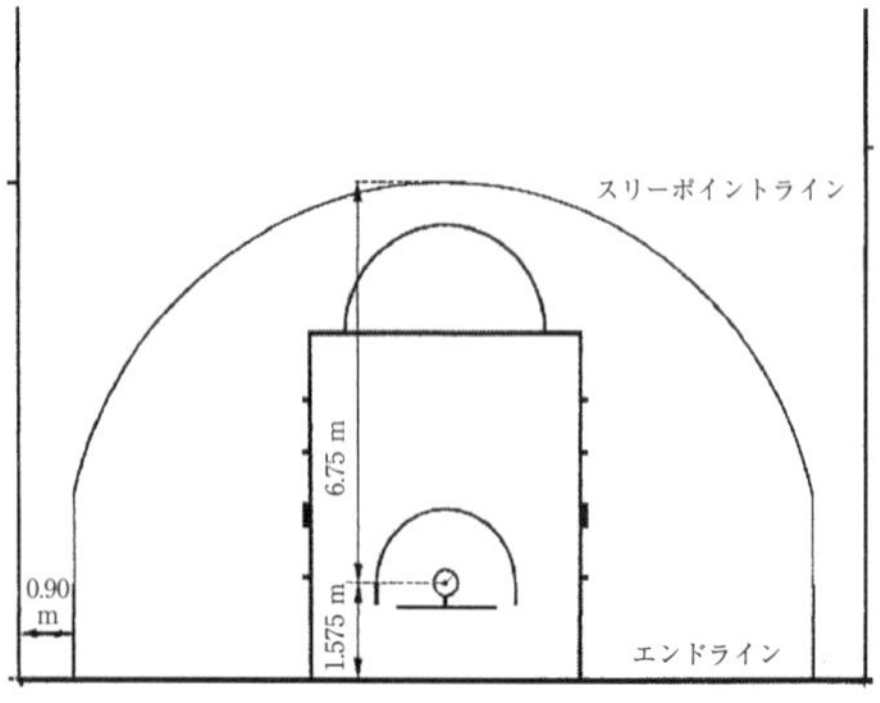

図1　2011年から変更されるスリーポイントライン

に果報以外の何ものでもない」。

導入から四半世紀が経過して、ＦＩＢＡは得点数ではなく、６・25ｍから６・75ｍと距離を変えた修正ルールを施行する。実施時期は異なるが、各ゾーン、ＦＩＢＡ加盟各国はもちろん、日本でも２０１１年から順次導入されて、新しい３点ショット時代が来る（図１）。

## ◉コート

ゲームの誕生直後は屋内でも屋外でも、一度に多くの人数がプレーできる場所ならどこでもよく、しかもコートをラインで区画していなかった。だから、屋内ではフロアの備品や器具、屋外では立木などが邪魔になり、プレーに支障を来したばかりではなく、負傷者も出た。そこで、

▲初期の屋内での男子ゲーム（Photo of The Pictorical History of Basketball）

1894年に障害物から1mのところにラインを引き、その区画内をコートとした。2年後には広さを1067.5m²以上と定め、エンドラインはゴールの直下に引くことになった。

やがて、最初の13条ルールのなかの「ボールがコート外に出たときは最初にボールを保持したプレーヤーがスローインする」という9条に対して、コートを取り囲む観客席から危険ではないかという声が高まった。そこで、コートを高い塀のように金網で囲ったり、漁網のようなネットを天井からつるしてコートを囲った。これが「ケージゲーム」(cage game)という別名を生むことになった。鳥や獣を飼うかごを連想させたからだ。

そして、プレーヤーをケージャー

▲初期の屋外での女子ゲーム(Photo of Une Histoire Du Basket Francais)

（cager 周囲を囲ったかごの中でプレーする者）と呼んだ。さて、ボールがコート外に飛び出すのは解消したが、囲った金網に激しく当たったり、コートの隅っこに追い詰められたプレーヤーが怪我をするようになった。また、漁網のようなネットだと柔らかいので、ボールに殺到したプレーヤーが勢い余ってコートぎわの観客席に乗りかかることも起きた。そこで、一方のチームがボールをコート外に出したときは、早い者勝ちではなく、相手チームのスローインとすることにして、ケージを撤去した。今日でも時折ケージゲームやケージャーという表現を目にすることがあるのは、その名残だ。

１９０２年には狭いフロアの学校の体育館が多かったので、選手権で使うコートの広さを７３２m²以上とした。また、ショットが成功するたびにジャンプボールからゲームを再開していたので、コートの中央に半径60cmの円を描き、ジャンプするときの場所を明確にした。フリースローのときに他のプレーヤーが入ることが許されない幅１・83m×６・１mのフリースローレーンを描いた。これによって、フリースローを行うプレーヤーの前方での妨害がなくなった。フリースローレーンの幅は、１９０２年に３・66mに広げられた。１９０６年にはコートサイズの基準が決められ、最大で縦27・５m×横16・８m、最小で縦21・４m×横16・８mとなった。因みに今日の大きさは縦28m×横15mと決められている。

得点を大きくリードしたとき、あるいは残り時間が少ない時点で得点をリードしたときに逃げきろうと積極的にオフェンスしないストーリング（意図的に攻撃時間を多く使う）をやるチームが現れたので、1932年に「10秒ルール」（ボールを保持した後、10秒以内に攻める側のハーフコート内にボールを進める）を制定した。このことによって、コート中央の分離ラインが必要になり、今日のようにセンターラインが引かれた。

## ◉ゴール

当初は桃の収穫期に使う籠が用いられた。しかし、すぐ壊れてしまうので、まもなく使われなくなった。1892年、コネティカット州ハートフォード（バスケットボール誕生の地マサチューセッツ州スプリングフィールドの近く）のL・アレンが金属製の重い円筒形のゴールを思いついた。桃を入れる籠は上部が底よりもやや大きめになっており、取り付けるといくぶん前に傾いてしまったからだ。この円筒形になってからはそういうことはなくなった。1893年、鉄製のリングと金網の籠でできた今日のもの

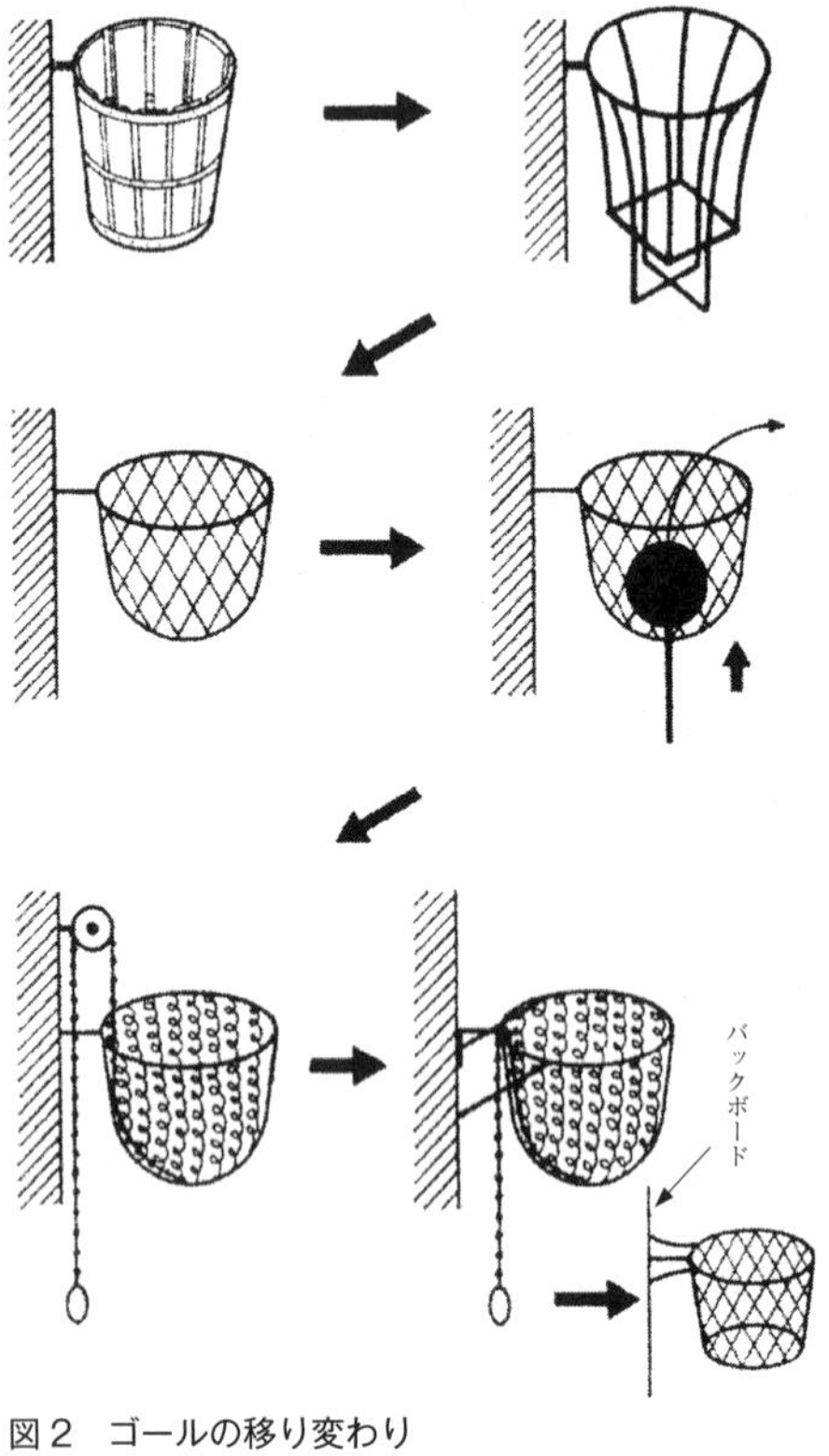


図2　ゴールの移り変わり

に似たゴールが作られた。

最初の13条ルールで、ゴールは「ショットが成功したとき、ボールがゴールの中に〝とどまる〟ようにしなければならない」と考えられていた。ところが、ゴールは床から3・05mの高さのところに取りつけてあるので、ショットが成功するたびにゴールからボールを取り出すための何らかの手だてが必要だった。とくにゴールが壁に取りつけてある場合は梯子《はしご》が必要だった。そこで、金網の籠の底に小さな穴をあけ、ショットが成功すると、その穴に棒を差し込んで、下から突き上げてボールを取り出す方法が考え出された。当時はショットの成功数が少なかったので、この方法でも十分だった。

その後、改良が加えられて、金網の底に鎖がついているゴールが作られた。これだと、ショットが成功するとボールは金網の中にとどまる。そこで、そのボールを取り出すために金網の底についている鎖をゴールの上の方から底を引っ張り上げるようにした。ショットが成功するたびに、審判がその鎖を引っ張ってボールを取り出した。プレーヤーの技術が向上するにつれて、より精密な器具が求められるようになり、とくに「水平のゴール」をどのチームも要求するようになった。そこで、それまでは支えが1本しかなかったが、新たに2本をつけ足してより固定し、水平面が動かないようにした。一説では、ネットの底を切って、今日のようにボールが通過するようにしたのは、1912〜13年のことだとされる。初めてのゲームから120年近く経った現在のルールでも「リングの内径は45cm」であり、リングの高さもすでに述べたように「床から3・05m」で、一度も変更されていない。

## ◉バックボード

写真1は、1891年にバスケットボールが誕生した数カ月後のものである。どこにもバックボードはない。バックボードはなかった。だから、この写真のように屋外でプレーする場合でも、バスケット（籠）だけだった。屋外だからバックボードがなかったのではない。

写真2は、1895年ごろの女性のゲームだが、リングは壁板に直接取りつけてあり、バックボードはなく、壁板があたかもバックボードの役割を果たしているように見える。

次に図3だが、当時、たいていの体育館の2階には一周できるバルコニー（ウォーキングやジョギングができる通路）が張り出していた。そして、手すりや欄干《らんかん》が設けられていた。ゴールは、そのバルコニーの

写1　1892年のバスケットボール（国際YMCAトレーニングスクール）

写2　1895年ごろの女子のゲーム。壁に据えつけられたリング。

床のフロア側に据えつけられていた。初めはゴールの底が開いていない籠だったので、ボール取り出し係が必要だった。梯子《はしご》に上がっている者がショットの成功のたびに籠からボールを取り出していた。観客はバルコニーの手すりや欄干から身を乗り出すようにしてゲームを観戦した。ところが、そのすぐ足元にはゴールがあるので、手すりや欄干のすき間から足や手を伸ばしてショットをいとも簡単に妨害できた。この観客の妨害を防ぐために、ゴールのすぐ後ろに遮蔽物《しゃへいぶつ》が必要になった。これが今日のバックボードの原点となった。

最初は金網をゴールの真後《まうし》ろに張った。プレーヤーはその金網にボールを当てて成功させるバンクショット（bank shot　ボールをクッションに当てるショット）をやるようになった。ところが、金網ではボールが当たって跳ね返るリバウンドボールにならなかった。また、ホームチームが相手チームには分らないように金網に細工して、不正ショットをやるようになった。そこで、1904年に少なくとも厚さ1・8㎝はある固い木板を使用するようになった。しかし、ゴールの真後ろはゲームが見えなくなってしまったので、木板の代わりに、1・83m×1・22m大の長方形の透明な固いプラスティック板が用いられるようになった。そのころ、バックボードがエンドラインの真上に

図3　バルコニーの足元に据えつけられたゴール

来るように設けられていたが、ショットしやすくするためにゴールを61cmほどコート内に移動させた。このとき、バックボードも付いた状態で移動した。以後、ゴールとはバックボードとリングとの一対のものとなった。1940年には扇形のバックボードも使われるようになった。

# 第6章 外国への普及

屋外のゴール

ネイスミスは『バスケットボール　その起源と発展』という貴重な自著を残している。この書は1941年、ネイスミスが亡くなった2年後に出版されている。つまり、執筆が生前であるのは間違いないが、晩年のことであったと推測できる。外国への普及について、ネイスミスは、「いつごろ各国に伝わったのかを明らかにしようと、何回も問い合わせの手紙を書いている。だが、いまだに完全な資料も入手できない。だから、諸外国に初めて伝播した年月日を年表式に明らかにすることは、まず不可能であろう」と言うが、かなり詳しく述べている。

今日、資料的にはこのネイスミスの記述に勝るものはないと思うので、ここでは、それをおもな内容として引用しながら国際的な普及について述べる。

以下は、バスケットボールが生まれてから1930年代末までの状況であることを断っておく。

## ◉各地域

### ⑴北アメリカ

ネイスミスは「もし、カナダを〝外国〟とみなせば、アメリカ以外で最初にプレーしたのはカナダであろう。それは言うまでもなく1891年12月21日の最初のゲームに4人のカナダから来た学生がいたからだ」と述べている。カナダにおける普及は次のようなことが理由となって、アメリカほど急速ではなかった。

① 人口密度がアメリカのように高くない。

② 冬季はスキーやアイスホッケーなどの屋外スポーツに適した国だから、バスケットボールのような新しい冬季スポーツの必要性がなかった。

それでも、教会、高校などが普及に貢献し、カナダ選手権が行われた。アルバータ州の商業高校の卒業生たちで編成した優れた女性チーム（コマーシャル・グラッズ）が活躍していた。また、1906年にネイスミスの教え子がアラスカのノームという小さな炭鉱町で初のチームを結成した。

### (2)南アメリカ

最初に伝わったのはブラジルで、1896年にサンパウロに滞在していた宣教師が紹介した。初期のころには間違って〝女の子のスポーツ〟という評判が流れたこともあるという。そのほかの国でも普及しており、ウルグアイの首都モンテビデオでは屋内でプレーされていた。

### (3)カリブ海地域

ネイスミスは自著のなかで「南半球の国々では、北半球ほどバスケットボールの人気は高まらないだろう。その理由は、南半球の多くの国は一年を通じて屋外でいろいろなスポーツができる気候なので、屋内スポーツはさほど必要ではないからだ」と述べている。

しかし、実際には南半球のほとんどの国がプレーしていた。多くは学校体育のスポーツ種目として行っていた。ジャマイカの学校はイギリスの援助を受けている私立校がほとんどだったが、男子は全島にわたってプレーしていた。ゲームはほぼ屋外で行われ、コートの地面は裸足でいつも踏み固められて、かちかちだったという。こういうコートがいつ作られ、いつごろからプレーされているのかは正確にはわからない。大体、1926年ごろには始められたらしい。

時期ははっきりしないが、ハイチにも伝わっていた。キューバでの普及・発展は急速で、学校で盛んにプレーされ、協会も結成されていた。プエルトリコでは1930年には協会が設立されて、〝国技〟になっていた。

## (4)ヨーロッパ西部

1917年、ネイスミスは第一次世界大戦の支援業務でフランスに赴いたが、翌年、パリの書店でバスケットボールのルールが書かれた本を見つけた。その発行年は1897年だった。ゲームが生まれて6年後のことになる。なかでも女性には、第一次大戦の休戦記念日以後、本格的に普及が進んだ。1934年にロンドンで開かれた女子世界大会でフランスはアメリカを退けて優勝している。

また、第一次世界大戦でヨーロッパ各地に駐留していたアメリカ軍のどの兵営にも必ずゴールが設けてあった。アメリカ兵たちのゲームを観戦していたフランス兵たちが見よう見まねでプレーし始め、アメリカ兵が教えると、覚えるのも早かった。1918年に終戦になった後、パリで連合国による国際バスケットボール記念大会が行われたときも、プレーを始めてまだ日が浅いはずにもかかわらず、フランスとイタリアのゲームはなかなかの好ゲームで印象的だったという。このように、1914年に勃発した第一次世界大戦が普及・発展に影響したことは明白だ。各国の兵士たちはアメリカ兵のプレーを実際に見て、本物のバスケットボールを吸収していった。このことはまだ伝播していなかった国々の普及・発展の糸口となった。

イギリスは出遅れた。初めのころは、わずかにロンドンYMCAぐらいしかプレーしているところはなかった。アメリカから「女性のスポーツ」として伝えられたのが原因らしいが、1934年に女子世界大会の開催地となったのは面目躍如たるものがある。男性がプレーし始めたのはかなり後になってからだった。イギリス以外の国では、初めは「女性のスポーツ」として紹介されても、間もなく男性もプレーし始めた。

### ⑸ヨーロッパ中部・南部

チェコスロバキアではチーム数が急速に増えていた。F・M・マレックという人物が同国における普及・発展の緒を作った。彼はヨーロッパ諸国の連盟結成にも貢献したという。ヨーロッパ南部の各国に定着したことは、やがて１９３２年にスイスのジュネーブで国際バスケットボール連盟を結成しようとする会議が行われたことに結びつく。チェコスロバキア、ポルトガル、スイスなどが後押しした。その開催理由はルールが各国によってまちまちであり、ルールブックも正式に統一されたものがなく、どこの国も困っていたからだった。10カ国が出席したこの会議では「国際バスケットボール連盟」が結成され、「国際ルール」が決まった。

注目すべきはフランスが出席を請われていたのに欠席し、逆に「わが国としては現行の国内ルールを修正することには同意できない。同時に、新たに別の会議を開催するつもりでいる」と返事してきたことだった。

### ⑹ヨーロッパ東部

トルコでは１９２４年にはルールが翻訳され、ルールブックが刊行された。

### (7)アフリカ

エジプトは最初、学校で行われるようになった。1925年にカイロ大学のW・A・エディらが協会を結成した。また、マダガスカルでは当時駐留していたフランス軍の兵士たちが教えたというが、本格的に定着したのは1924年からだった。

### (8)アジア

第1章で述べたように、最初のゲームのときに石川源三郎という日本人がいた。ネイスミスは「彼が帰国してバスケットボールを伝えたかどうかは定かではない」と述べているが、そのとおりで、伝えていない。日本に公式に紹介したのは1908年に国際YMCAトレーニングスクールで学んで帰国し、東京YMCAで指導した大森兵蔵《ひょうぞう》だった。そののち、アメリカYMCA同盟から1913年に招聘したF・H・ブラウンが各地のYMCAで本格的に指導し始めた。これが大きな契機となって、本格的に発展していった。学生チームやYMCAチームがアメリカに赴くこともあった。早稲田大学チームが西海岸地域を転戦、YMCAチームがホノルルを訪れ、明治大学チームがカンザス州トピーカでウオッシュバーン大学と対戦した。体格のハンディはどうしようもなかったが、コート全面を有効に使い、ボールコントロールもよく、驚くべき敏捷なプレーを見せたという。明治大学チームが運よくカンザス州のカンザス大学にいたネイスミスに面会できたとき、「バスケットボールは日本のスポーツ界をリードするスポーツのひとつになっており、人気は年々高まっている」と語ったという。

日本に来たF・H・ブラウンは日本だけで普及・振興に尽くしたのではなく、中国にもたびたび行き指導した。中国には1898年にプリンストン大学のR・ゲイリーが紹介した。その後、C・シラーの指導のもとに本格的に広まっていった。1908年にはアメリカからM・J・エクスナーがYMCA協力主事として中国東部に渡り、普及につとめた。当時の北京などの様子について、次のような報告がある。

「各地の至るところでゴールを見かけた。北京のYMCAの体育館では女子のゲームが行われていた。中国人独特のすその長いスカートのような服装をした審判のもと、多くの観衆の前で好ゲームが繰り広げられた。これはバスケットボールがいかに中国で人気があるかという証拠だ」。

▲アメリカ遠征中の明治大学チームとネイスミス。

フィリピンにいつごろ伝わったのかは判然としない。おそらく、駐留していたアメリカ軍の兵士たちのプレーを見て、覚えたのではないか。1910年に協会が結成された。マニラYMCAと政府が振興の推進役を果たした。また、大学の体育の授業で行われ、学生選手権も実施されていた。

インドもよく普及・発展した国のひとつだった。ベンガル・バスケットボール協会はカルカッタYMCAの体育事業担当主事M・J・ムカージィが呼びかけて結成された。1920年にH・C・バックがインドのマドラス（現在のチェンナイ）から次のように報告している。

「体育学校では、国内からも、ビルマ（現ミャンマー）、セイロン（現スリランカ）などからもインストラクターの派遣を要請されている。これらの国々では重要なスポーツのひとつになっており、YMCAはもとより中学校から大学まで盛んにプレーされている」。

また、シリアも長年にわたってバスケットボールをレクリエーションとして行っていた。1901年、ベイルートのプロテスタント・カレッジ（現ベイルート・アメリカン大学）のインストラクターのJ・A・グッドヒューはキャンパスで8チームを作り、大会を開いた。1929年には、このような報告がなされている。

「大変ポピュラーなスポーツになったので、多くの学校では屋外の専用コートをつくっている」。

## ◉各ゾーン

### (1)アメリカゾーン

1972～73年のことだった。当時のFIBA事務総長R・W・ジョーンズとブラジル協会のJ・C・ドスレイスとの間で恒久的なアメリカゾーンの新統轄組織を立ち上げる構想が検討されていた。そのためにブラジルをはじめとする南アメリカ地域に属する各国代表による会議の開催をまず呼びかけた。その結果、1974年にプエルトリコでの第7回FIBA世界選手権（7月3～14日、於・サンファンなど）の開催に合わせて、7月11日に首都サンファンのへリオ・イスラ・ホテルの〝グラナダの間〟ですべてのアメリカゾーン所属協会の代表者会議を開いた。仕切ったのはブラジル協会だった。北アメリカ、中央アメリカ・カリブ海、南アメリカの3サブゾーンから成る「アメリカゾーン連盟」の立ち上げを終えたのち、①ヨーロッパゾーンに勝てる代表チームを編成する、②ブラジル協会がホストを引き受けて、第1回ゾーン・ユース選手権を開催する――ことを決めた。と同時に、3サブゾーンの代表者連絡組織を設けることが承認された。

## ⑵アフリカゾーン

1961年6月11日にエジプトのカイロで、アフリカ・バスケットボール協会（AFABA）が創設された。このとき、エジプト、モロッコ、エチオピア、スーダン、トーゴ、北ローデシア（現ザンビア）、シエラレオネ、ガーナ、ギニア、リビア、マリ、オートボルタ（現ブルキナファソ）の代表が出席した。1962年3月、この中の10カ国が参加して第1回アフリカ選手権を開催した。現在の名称はアフリカゾーン連盟（FIBA Africa）と改称し、7サブゾーンから成り立っている。

## ⑶ヨーロッパゾーン

ヨーロッパで最初にプレーした国はフランスだった。バスケットボールが誕生して間もない1893年にパリ市内のYMCAでのことだったとされる。1932年にチェコスロバキア、イタリア、ギリシャなどが集まって国際バスケットボール連盟（FIBA）が立ち上げられた。ヨーロッパ諸国が主流だったので、それが事実上のヨーロッパゾーン統轄組織となった。1935年にスイスのジュネーブで第1回ヨーロッパ選手権を開いた。1957年に第1回男子クラブ選手権が行われた。女子はその翌年にプレーされ始めた。1991年、ソ連とユーゴスラビアの政治体制が変わり、1995年、新生ユーゴスラビアがカムバックした。その後の1998年にFIBA世界選手権で優勝している。2001年、FIBA事務局がジュネーブに移転。これを機会にヨーロッパゾーン連盟はFIBAから独立、ミュンヘンに事務局を置いた。

▲初期のフランスでの試合。黒い服の男性が審判。

### (4) オセアニアゾーン

１９６４年にＦＩＢＡは「ＦＩＢＡ主要選手権は各ゾーン連盟の主管のもとで実施すること」と定めた。この時点までオセアニアゾーンではそれに相当する統轄組織がなかったので、オーストラリアとニュージーランドはアジアゾーン連盟への加盟の可能性を探った。しかし、この話は進捗しなかった。そこで、１９６７年10月３日にオーストラリアのＡ・ラムゼイが「オセアニア地区の国・地域の代表が集まって話し合おう」と、西オーストラリアのパースで開く会議への出席を呼びかけた。その結果、オーストラリアとニュージーランドがパプアニューギニアやフィジーの代理を務め、会議を開くことができた。組織結成の準備会議として充実した審議が続き、それが１９６９年６月のシドニー会議に結びついた。Ｌ・ランスが会長、Ａ・ラムゼイが事務総長に就いて、オセアニアゾーン連盟が立ち上げられた。そして、８月16日にパプアニューギニアのポートモレスビーで第１回総会が行われて、正式に発足した。

### (5) アジアゾーン

第二次世界大戦後の１９４７年のことだった。アジアの13カ国が会合をもち、「アジアの総合競技大会の創設」で意見が一致した。オリンピックはその翌年の１９４８年７月にロンドンで復活していた。このとき、インド、フィリピン、（当時の）朝鮮、（当時の）中華民国、セイロン（現在のスリランカ）、ビルマ（現在のミャンマー）が再度の会議をもち、（原則として）オリンピックの中間年にアジアの総合競技大会を開催する機運が盛り上がり、インドのニューデリーで開催することを決議した。

数カ月後の1949年2月、国際オリンピック委員会（IOC）委員になっていたG・D・ソンディが中心となって、アジア競技連盟（AGF=Asian Games Federation）が結成され、インド、アフガニスタン、ビルマ、パキスタン、フィリピンが加盟した。そして、1950年に第1回大会をニューデリーで開催することにした。ところが、準備が間に合わず、1年延ばして1951年3月4日～11日にニューデリーで11カ国が参加して開催された。

そののち、AGFバスケットボール部会の運営委員長のD・カルボ（フィリピン）と李性求（韓国）、日本の植田義巳が集まり、そこにFIBA事務総長R・W・ジョーンズを招聘して、「アジアのバスケットボールの統括組織の立ち上げ」を協議した。折よく、アジア競技大会第3回大会が1958年5月24日～6月1日に東京で行われたので、この4名が東京に再度集まって話し合いを重ねた結果、アジア・バスケットボール連盟（ABC=Asian Basketball Confederation）の組織と運営について合意に達した。AGFとABCとの区別、理事会と各委員会の設置、オリンピックにならった競技方法の採用、競技規則の統一、選手権の開催、国際会議における発言力の強化などの細目を決めた。そして、加盟国が参加する立ち上げの会議を1960年1月15日にフィリピン（マニラ）で開くことを申し合わせた。フィリピン協会はこれと並行して会議参加国チームによる大会（事実上、これが第1回男子アジア選手権となる）を同年1月16日～28日に開催することを決めた。

会議にはフィリピン、日本、韓国、チャイニーズ・タイペイ（CTBA）、ホンコン、インドネシア、マレーシア、パキスタンが出席した。フィリピンが開催地になったのは当時のアジアのバスケットボール界では英語に長けている人たちが多かったからだと言われる。草稿委員会としてフィリピンのA・パディラ、D・カルボ、それにL・M・ギントが指名された。なかでもL・M・ギントは出色で、わずか10日そこそこで、協議に要するいくつかの書類や「総則」や「憲章」の草稿などを書きあげたとされる。作成された案文は会議で審議されて、1963年に台北で開く第2回ABC会議で最終決定することにした。それは「アジア選手権大会は2年ごとの奇数年に開催する」ことを決定していたからだった。

その後、スリランカ、ホンコン、インドネシア、イラン、日本、韓国、マレーシア、パキスタン、フィリピン、シンガポール、CTBA、タイ、ベトナムの13カ国がアジア・バスケットボール連盟に加盟した。

ところで、事実上の第1回男子アジア選手権は、パキスタンを除く7カ国が参加した。予選は総当たりのリーグ戦で行われた（次ページ表1）。

要するに、この時点でフィリピンは頭ひとつ抜けていたことが分かる。そして、第二次世界大戦以前に行われていた極東選手権競技大会の参加国であるフィリピン、CTBA（当時の中国）、そして日本が〝アジアのバスケットボール界の老舗〟であることを見せつけるかのように上位を占めた。この時点では韓国は一歩出遅れていた。ともあれ、上位4カ国による決勝リーグが行われて、最終的な順位は次のようだった。

1位・フィリピン（PHL）、2位・チャイニーズ・タイペイ（CTBA）、3位・日本（JPN）、4位・韓国（KOR）、5位・ホンコン（HOK）、6位・インドネシア（INA）、7位・マレーシア（MAL）。

大会はリサール・コロシアムで行われた。スペインからの独立運動に大きな影響を与えたホセ・リサール（Jose Rizal：1861–1896 マニラの大学を経てスペインのマドリード中央大学で医学と古典文学を学んだ）の名前にちなんで命名された8000人を収容する競技場だ。1950～70年代にここで多くのバスケットボール大会が行われた。

1963年11月20日～12月3日、台北で第2回アジア選手権大会が行われた。参加したのは（最終順位結果順に）フィリピン、CTBA、韓国、タイ、マレーシア、シンガポール、ホンコン、ベトナムだった（日本は不参加だった）。

大会にはFIBA事務総長R・W・ジョーンズが来ていた。そして、日本からも会議代表として植田義巳が出席した。会議はCT

表1　第1回男子アジア選手権の成績

| | | PHL | CTBA | JPN | KOR | HOK | INA | MAL |
|---|---|---|---|---|---|---|---|---|
| 1 | PHL | | ○96 | ○97 | ○97 | ○115 | ○92 | ○126 |
| 2 | CTBA | ×83 | | ○71 | ○78 | ○87 | ○88 | ○110 |
| 3 | JPN | ×73 | ×59 | | ○73 | ○81 | ○74 | ○88 |
| 4 | KOR | ×79 | ×71 | ×67 | | ○93 | ○96 | ○114 |
| 5 | HOK | ×66 | ×81 | ×73 | ×78 | | ○96 | ○122 |
| 6 | INA | ×46 | ×51 | ×67 | ×70 | ×72 | | ○98 |
| 7 | MAL | ×58 | ×74 | ×68 | ×65 | ×94 | ×76 | |

BAのチーム団長が議長を務めた。そして、初代役員が次のように選出された。

会長：A・パディラ（フィリピン）

副会長：李性求（韓国）、L・K・キアン（CTBA）、K・K・ボー（マレーシア）

事務総長：D・カルボ（フィリピン）

職務上理事：植田義巳（日本）、K・J・イ（CTBA）

フィリピンで諮られ、確認されていた「総則」と「憲章」が英語版と中国語版とで審議され、正式に承認された。さらに、1965年に韓国で第1回女子アジア選手権大会を開催することが決まった。併せて、第3回男子アジア選手権大会を同じ1965年にマレーシアで開くことが決まった。同時に、FIBAはアジアのバスケットボールの統括組織としてABCを承認した。

興味深いことに「アジア・バスケットボール連盟に加盟したい」とニュージーランドからも会議代表が来ていた。しかし、これは承認されなかった。

こうして、アジア・バスケットボール連盟の歩みが始まった。

ここまでのフィリピンの存在は大きかった。

1898年にアメリカがスペインからフィリピンを独立させた米西戦争は、バスケットボールのフィリピンへの流入に大きく影響したとされる。すなわち、初めにマニラに（アメリカYMCA同盟の支援によって）YMCAが作られると、バスケットボールもアメリカから〝直輸入〟され、それが基礎となって、アジアのバスケットボール最先進国となり、長くアジアの覇者だったことはなお記憶に新しい。つまり、フィリピンはアメリカからアジアにバスケットボールが伝播し、開花する先導的役割を果たした。

また、当時のＡＢＣの役員はさしずめ「手弁当感覚」だった。故植田氏によれば、「みんなバスケットボールに心から惚れきっている、まさに〝バスケットボール・クレイジー〟だった」。だから、大会開催費用やＡＢＣ維持費などが不足すると、役員の中の誰かが切り出して寄付を募り合ったり、篤志家となる人が出てきたりして、〝バスケットボール・ジェントルマンの集まり〟といった雰囲気のうちに運営されていた。

さて、連盟の創設から間もなく半世紀を経ようとしている。世界のバスケットボール界は21世紀に入り、大きく変わった。アジアゾーン連盟は名称もＡＢＣからＦＩＢＡアジアとなった。

総加盟国数が30に達した１９８０年代の終わりごろから加盟各国のレベル較差の顕著化が指摘され始めた。そこで、従来のフリーエントリー制（無制限出場・参加）を改め、アジアゾーンをいくつかに分けて、表2のようにサブゾーン協会に分け、各サブゾーンごとに協会をおき、規約も整備した。そして、一部を除いて各選手権はサブゾーン予選を勝ち抜いた国協会チームと、前回の結果により自動的に出場権を与えられる国協会チームとが参加して開催されるようになった。これはＦＩＢＡアジアのみに限ったことではない。

この背景として、次のような「アジア事情」を見ておかねばならない。

(1) 湾岸諸国がアジアゾーンに入った。そして、台頭が目覚ましい。

(2) ソ連が1991年12月に崩壊した結果、それまでヨーロッパゾーンに所属していた国々がアジアゾーンに新たに組み込まれて、1993年ごろから諸大会に登場し始めた。

(3) いったんは世界のスポーツ界から退いていた中国がそれまでの「台湾」に代わり、国際政治的にも世界に完全復帰を果たして、1975年ごろから一気にアジアゾーンの頂点に立った。

(4) その中国の国際スポーツ界へのカムバックとともに、組織への関与も増して、東アジアサブゾーンのみならずアジアゾーン全体の重要な位置を担うようになった。このことは1997年の「ホンコンのイギリスから中国への返還」および1999年の「マカオのポルトガルから中国への返還」以

表2　FIBA アジアのサブゾーンと所属国

| | 東アジア SZ | 東南アジア SZ | 中央アジア SZ | 西アジア SZ | 湾岸 SZ |
|---|---|---|---|---|---|
| 1 | 日本 | ブルネイ | アフガニスタン | イラク | バーレーン |
| 2 | 中国 | カンボジア | バングラデシュ | イラン | クウェート |
| 3 | 韓国 | インドネシア | ブータン | レバノン | オマーン |
| 4 | C・タイペイ | ラオス | インド | パレスチナ | カタール |
| 5 | 北朝鮮 | マレーシア | カザフスタン | シリア | サウジアラビア |
| 6 | モンゴル | ミャンマー | キルギスタン | イエメン | UAE |
| 7 | ホンコン・C | シンガポール | パキスタン | ヨルダン | |
| 8 | マカオ・C | タイ | スリランカ | | |
| 9 | | ベトナム | タジキスタン | | |
| 10 | | フィリピン | ウズベキスタン | | |
| 11 | | | モルジブ | | |
| 12 | | | ネパール | | |
| 13 | | | トルクメニスタン | | |

降、いっそう顕著になった。

(5) IOC(国際オリンピック委員会)を筆頭に各国際競技連盟のコマーシャライゼイション(国際スポーツマーケティング会社との提携によるスポンサーマネーの獲得とスポーツイベント化)というスポーツビジネスへの変貌が急速に進み、アジアゾーンもその流れに乗った。

# 第7章
# 日本への移入

日本に伝えた大森兵蔵

## ◉日本にバスケットボールを紹介した大森兵蔵

世界で最初のバスケットボール・ゲームに立ち会った石川源三郎は、日本にバスケットボールを紹介することはなかった。日本に初めて伝えたとされるのは大森兵蔵《ひょうぞう》だった。１９０８年に東京神田美土代町にあった東京ＹＭＣＡで、初めて公式に会員たちに教えたとされる。日本バスケットボール協会もこの説を採っている。

大森の出自と素性は、資料には次のように記録されている。

「明治9年4月8日生。岡山県上道郡高島村大字今在家40番地。大森荘須家孫。明治25年4月6日、同志社予備校補充科に入学。明治27年6月、同校修了。同志社普通校に入学。明治29年12月31日、同校除籍。明治20年3月17日付本村大森喜久次弟安次郎二男養嗣子入籍。戸主、大森荘須家」（同志社大学社史編纂所など）。

同志社普通校の後、東京高等商業学校（いまの一橋大学）で学んだ。1901年、アメリカに渡り、カリフォルニア州のスタンフォード大学に入学した。経済学を学び始めたが、授業にかなり苦労したのか履修単位の取得が思うように進まなかった。大森は生後の育ちは決して悪くなかったが、長ずるうちに健康に恵まれなくなり、壮健というにはほど遠かった。やがて、「スタンフォード大学を卒業して帰国したら実業界で仕事をするのではなく、自分のような健康に恵まれない日本人をつくらないために、もっと専門の勉強をしよう。日本でそういう分野で貢献したい。そのためには体育学関係を学ばなくては」と方向転換した。

1905年の夏、大森はニューヨーク滞在中に国際YMCAトレーニングスクール関係者と会い、勧められて転学することを決めた。すぐにスタンフォード大学を退学して、秋の新学期から体育部担当スタッフ養成科の2年次に編入学した。カリキュラムにはYMCA本来の科目として旧約・新約聖書講読、教会史、YMCA史、布教法などを学び、体育学関係科目としては、生理学、マッサージ法、体育史、測定評価、運動生理学、人体生理学、衛生学、健康診断法、運動処方、体育哲学、体育部運営・管理、実技（秋学期―フットボール、ホッケー、クロスカントリーなど。冬学期―バスケットボール、バレーボール、行進、器械体操、体操など。春学期─陸上競技、棒高跳び、走り幅跳び、砲丸投げ、野球、水泳など）を履修した。卒業論文には「日本体育史」をテーマに選んでいる。

大森が国際YMCAトレーニングスクールに在学していたころまでのバスケットボールは「1チーム5人制」、「フィールドゴール2点、フリースロー1点」、「バックボードの設置」など、今日のバスケットボールの基礎がすでに出来上がっていた。つまり、大森はYMCAスタッフ、体育学のスペシャリスト、バスケットボールなどの指導者として、最新の、しかも第一級の知識や技能を学んだ。

## ◉アメリカ人アニーとの結婚

大森兵蔵の夫人はアニー（Annie B. Sheply）という名前で、ミネソタ州で生まれた。家族でメイン州に移り、そこで少女時代を過ごした。絵の才能に恵まれていたので、やがて、画家の道を歩み始めた。負けん気が強く、一徹で、男勝りの一面ものぞかせる女性だったという。ニューヨークにアトリエを持ち、そのかたわら、パリやボヘミア（チェコの中心部）などにも絵を描きに出かけていた。ひとり家族から離れて絵の制作に打ち込んでいるうちに、両親や姉弟が亡くなった。そこで、東部コネティカット州ウッドストックに家を買い求め、いとこと暮らすことにした。しかし、次第に家事に時間を多く取られるようになり、作品を手がける時間がなくなっていたので、とうとう1906年の夏に家事をやってくれるアルバイトを雇うことにした。ところが、ウッドストックではなかなか見つからず、アニーは近くのスプリングフィールドの国際YMCAトレーニングスクールを訪ね、学生の斡旋を依頼した。そのころ、スクールはすでに夏季休暇に入っており、わずか数人の学生しか残っていなかった。結局、1人だけそのアルバイトに応募してきた。その学生が大森兵蔵だった。

▲大森兵蔵と妻・安仁子

大森はウッドストックのアニーの家に赴いた。彼女の注文は食事を作ること、食事中の給仕、部屋の整頓だった。大森はアニーの説明を聞いているうちに徐々に気が重くなっていった。果たして、(心配していたとおり)、食事を作り、2人に給仕し始めると、アニーの口からさっそく小言が出てきた。

口ひげを伸ばしているものの、いかにもきゃしゃな身体つき。そして、かなりの良家の育ちを思わせる上品さ。あらためて、アニーは大森を見つめ直して、「この男《ひと》に食事を作らせるのはとうてい無理だ」と悟る。再び、アニーはキッチンに立ち、大森の食事も作るようになった。まもなく幸運にも家政婦が見つかった。当然、大森はアニーに「スプリングフィールドに戻る」ことを申し出る。それをアニーはさえぎって、「食事をつくる以外の仕事もあるから」と引き止めた。やがて、2人は親密度を増していった。

大森はアニーに対して、「帰国したら、セツルメント（授産所・託児所・図書室・宿泊所などを備えた社会事業施設）を建てて経営したい。それに、身体が丈夫じゃないし、健康にも恵まれているとは思っていない。だから、国民の体位体格の向上に尽くしたい。そのためにいま国際YMCAトレーニングスクールで体育学を勉強している」と話した。アニーは「帰国して、どのように実現していくつもりなの？」と尋ねた。大森はすでに計画を立てていた。「さいわい、日本も各地にYMCAがあるから、まずそこに就職して足がかりを作りたい。国際YMCAトレーニングスクールで勉強しているのは、自分の考えとYMCAの考え方が一致したからだ」と説明した。このような語り合いを重ねるうちに、いつしか、お互いが好意を抱くようになっていた。夏が終わりに近づき、大森は秋の新学期に備えてウッドストックからスプリングフィールドに帰っていった。それから、ラブレターのやりとりが続いた。やがて、結婚を誓い合い、1907年10月1日、ふたりの結婚式がボストンのアニーの親戚の家で行われた。このときの記録はボストンの州公衆保健局に残されている。

「1907年10月1日、ブルックリンにて。新郎—年齢：31歳。国籍：日本。初婚。職業：学生。誕生地：日本。父：ヤスジロウ・オオモリ、母：ヤス。新婦—年齢：50歳。住所：コネティカット州ウッドストック。初婚。職業：なし。誕生地：ミネソタ州ミネアポリス。父：ジェイムズ・

C・シェプリー、母：メリー・バロウズ」。

## ◉日本初のオリンピック大会に監督として参加

結婚した翌年の1908年に2人は帰国した。アニーは帰化して「大森安仁子」と名乗った。初め、「長崎YMCAの体育主事に就任する」と噂が流れていたが、どのような経緯を経てか、東京YMCAの初代体育講座担当スタッフに就任した。そして、会館の裏の空き地を使い、バスケットボールを会員たちに教えたという。と同時に、バレーボールも紹介したとされる。

ところで、日本体育協会（当時は大日本体育協会）は1911年7月に創設された。大森はこの準備段階から関わり、1912年5月に総務理事に就任した。これより先、大日本体育協会会長の嘉納治五郎（そのとき、東京高等師範学校長）は駐日フランス大使から「日本のオリンピック参加」をIOC会長クーベルタンからの依頼というかたちで誘われていたので、それに応ずることにした。陸上競技種目のみ参加することにして、1911年11月18日と19日、当時の羽田競技場を使って予選会を催した。そして、選ばれたのが三島弥彦（当時、東京帝国大、短・中距離）と金栗四三（当時、東京高等師範学校、マラソン）だった。そして、大森は嘉納に請われて、同年7月のオリンピック・ストックホルム大会の監督として選手団に加わった。2名の選手のうち、マラソン

▲大日本体育協会会長・嘉納治五郎

に出た金栗は当時を次のように回想している。

「出発前に大森さん宅に何回か通って、奥様から英会話を教わりました。奥様はアメリカ人でしたから。そのときに初めて大森さんに会いましたが、痩せこけて見るからに病気のようで、とても長旅は無理のように感じました。奥様も同行されて、新橋を出て、敦賀からシベリアを経由してヨーロッパに向かいました。案の定、大森さんは日本海を渡る船でなん度も喀血しました。途中、モスクワで下車して観光しましたが、とても難儀そうで、私たちが手を貸しました。まさに、〝いのちがけ〟という感じでした。ストックホルムではほとんど部屋にこもったままでした。でも、開会式では団長の嘉納先生たちとともに入場行進されま

▲ストックホルム・オリンピックにおける日本選手団の入場

した。オリンピックが終わった後はストックホルムで別れたのです」。

大森は日本を立つ前にすでに結核に罹《かか》っていた。それを知っていた嘉納は「安仁子夫人が通訳を兼ねて同行するように」と配慮した。ストックホルムに着いてからは体調が悪化、ベッドに寝た切りの日が続いた。

監督がいない三島と金栗は練習で外国人選手に囲まれて、孤立感とプレッシャーが募っていった。結局、大森は開会式だけで、二人の競技を見守ることもかなわず、三島も金栗も不本意な結果に終わった。大森はオリンピック後しばらくストックホルムに滞在して静養し、小康状態を得たので、大西洋を渡ってボストンの安仁子の親戚宅に行った。それから日本に帰国することにして、列車で太平洋側のロサンゼルスまで行ったが、大森の病状が再び悪化したので、近郊のパサディナに連れて行き入院させた。そこで、とうとう息をひきとった。1913年1月15日、48歳で不帰の客となった。

## ◉大森夫妻の夢の実現

大森は国際YMCAトレーニングスクールを卒業して1908年に安仁子とともに帰国した後、東京・新宿の一角に土地の婦人会の援助を得て有隣園と名付けたセツルメントを建て、夢を実現していた。しかし、幼稚園のほうはまだ開園していなかった。安仁子はパサディナで大森を荼毘《だび》に付してアメリカに残る道を選ばず、遺骨とともに帰国した。そして、かつてウッドストックで語り合ったように、1915年、セツルメントに幼稚園を開いた。以後、安仁子は一度もアメリカに戻ることなく有隣園の経営にうちこみ、1941年に他界した。

## ◉時期尚早だった日本のバスケットボール

思えば、大森が帰国したころは、彼がスプリングフィールドで学び取り、吸収してきたことを十分発揮できる状態にまで、当時の日本の体育・スポーツ界は成熟していなかった。いわんや、肝心の東京YMCAですら、体育館やプールはまだ整備されていなかった。だから、せっかく、東京YMCAでバスケットボールの発展への種子《たね》を本格的に蒔《ま》きながらも、実《み》を結ぶまでに至らなかった。

日本のYMCAはバスケットボールなどの日本移入について、次のように認識している。

「こんにち誰ひとり知らない者もないと思われるほど普及しているバスケットボールやバレーボールを日本に紹介し発展させたのはYMCAであることに間違いはないが、誰が最初の輸入者であったかについて先陣争いがある。しかし、もっと早かったのは初め東京YMCAに関係し、のちに長崎YMCAでも働いた大森兵蔵であったらしい。初めてバスケットボールを日本に紹介し、はじめ日本女子大学や慶応大学の学生のために出張指導していた。大森主事は幸い東京YMCA会館の裏に空き地があったので、コートを設けて親しく会員を指導した」（奈良常五郎『東京YMCA史』）。

また、大森が帰国したころの日本の体育・スポーツは次のような状況だった。

「ほぼ学校制度のなかで定められた体育と軍隊における身体訓練を除き、国民生活のなかでは、あまり積極的ではなかったといわれる。外国から輸入されたスポーツは、徐々に盛んになっていったが、その担い手のほとんどが大学や高等学校の学生であった。したがって、スポーツの一般大衆への普及や発達も、社会体育という点から見るとまだまだ未組織、未熟の状態だったというべきで・・（中略）・・スポーツは一般大衆には程遠く・・（中略）・・スポーツの大衆化に向かって動き出したのは、大日本体育協会の誕生とオリンピック・ストックホルム大会以降のことといわれる」（川村英男『日本体育史』）。

つまり、大森の1908年の帰国は、いささか時期尚早だった。スプリングフィールドの国際YMCAトレーニングスクールで蓄えてきたことを充分発揮できる状態にまで当時の日本の体育・スポーツ界は成熟しておらず、彼が存分に腕をふるう環境ではなかった。

1913年の大森の死去のあと、あたかも入れ替わりのごとくアメリカから来日した（次の第8章で述べる）F・H・ブラウンのために、先鞭をつける役割を果たすにとどまった。

# 第8章 F・H・ブラウンの貢献

来日当時のF.H.ブラウン

## ◉F・H・ブラウンに白羽の矢

大森兵蔵がオリンピック・ストックホルム大会からの帰国の途中、カリフォルニア州パサディナで客死する前の1912年のことだった。日本YMCA同盟は第4回総会において「今後3カ年の方針」として体育部スタッフの養成と体育施設の拡充を取り上げ、「体育・スポーツ事業の振興」を決議した。そして、北米YMCA同盟に専門家の派遣を依頼した。その結果、あたかも大森の跡を継ぐかのように来日したのが、F・H・ブラウンだった。

本格的にバスケットボールが日本に伝えられたのは、1913年のアメリカ人のF・H・ブラウンの来日からだった。神戸、東京、京都、横浜のYMCAにおいてバスケットボールの創成に尽力し、日本のバスケットボールの育ての親となった。

ブラウンは1882年12月10日にニューヨーク州オンタリオで生まれた。バプティスト教会に通う敬虔なクリスチャンの家庭に育ち、高校を卒業するころまでにYMCAに足を運ぶようになっていた。幼いときからスポーツが好きだったので、将来は体育指導スタッフになることを夢見ていた。1901年、ニューヨーク州ロチェスターYMCAのアシスタントとして夢の実現に向かって第一歩を踏み出した。やがて、「YMCAを辞職して、他の仕事に就くか」、「いったん辞職して（体育スタッフになるための）専門教育を受けてくるか」の選択を命じられた。もちろん後者を選び、1904年ロチェスターYMCAを辞した。その11月、イリノイ州シカゴYMCAの非常勤体育スタッフ補佐になった。と同時に、YMCAの体育スタッフになるための専門的教育を受けるために、シカゴ近郊のダウナーズ・グローブのYMCA研究・訓練学校（その後、ジョージ・ウイリアムズ・カレッジと改称）に入学した。この学校の目的は次のようなものだった。

(1) YMCAのスタッフとなる人材の発掘とその養成。
(2) YMCAで働く人々の生活向上と各YMCAの相互連帯の推進への寄与。
(3) 各地のYMCAで活動するボランティアの養成と訓練。

ＹＭＣＡの体育スタッフの道を歩く人生を設計していたブラウンにとっては、まさに最適の学校だった。スプリングフィールドの国際ＹＭＣＡトレーニングスクールと同様に、一般事業担当スタッフ養成科と体育スタッフ養成科が設置されていた。１９０４年10月、22名の新入生のひとりとして体育スタッフ養成科に入学した。カリキュラムは国際ＹＭＣＡトレーニングスクールとほぼ同じで、ＹＭＣＡにおける体育・スポーツ活動のスタッフ養成としては第一級の内容だった。

ネイスミスが１８９１年に創案したバスケットボールは、〝ＹＭＣＡネットワーク〟を通じて、全米くまなく普及していった。そのころ、ＹＭＣＡは体育・スポーツの価値を高く評価していた数少ない組織のひとつだったので、多くのＹＭＣＡがバスケットボールをプレーできる体育館を備えていた。そういうわけで、バスケットボールを「ＹＭＣＡ専用種目」とみなしていたＹＭＣＡもあった。

だから、ブラウンが同校でバスケットボールやバレーボールを授業で教わっていたことは間違いない。それとは別に、彼は校内体操競技会では第3位になるなど、かなり優秀な学生だった。入学した翌年、シカゴＹＭＣＡの非常勤体育スタッフ補佐を辞めた。一方、夏の間はシカゴの公共体育施設でアルバイトをしていた。これが「公共施設としての公園・遊園地における体育活動」という卒業論文に結びついた。

▲F.H. ブラウン

1906年9月6日、ブラウンはエディスと結婚。翌年の6月に卒業すると、ミシガン州ランシングYMCAの体育スタッフに就任し、その後の30年間近くに及ぶYMCAにおける人生のスタートを切った。1910年9月に、コネティカット州ニューブリテンYMCAに転勤した。

## ◉ブラウン来日当時のYMCAの様子

日本にYMCAが創立されたのは1880年のことで、東京の京橋区肴町の教会でその産声をあげた。以後、次のように続々と都市YMCAが誕生した。1882年＝大阪、1884年＝横浜、1889年＝京都、1897年＝札幌、1899年＝神戸、1902年＝名古屋、1905年＝長崎と仙台、1907年＝近江八幡。

これらのYMCAの大半は、アメリカのYMCAから種々の援助を受けていた。そのひとつが北米YMCA同盟から派遣されていた協力主事たちの支援だった。このころの協力主事のなかに1898年に来日したG・M・フィッシャーがいた。日本の学生YMCA同盟を指導し、重要な存在になっていた。

そして、1905年、フットボールや陸上競技に造詣が深いJ・M・デイビスが来日。デイビスは日本各地のYMCAにおける体育・スポーツ事業の本格的な展開に思いをめぐらしていた。それに強く共鳴したのがG・M・フィッシャーだった。1912年、日本YMCA同盟は体育・スポーツ事業の振興を決議したとき、具体的な進捗のために彼に対して適切な協力主事の選考・派遣の手配を依頼した。一時帰国した彼は北米ＹＭＣＡ同盟との協議を経て、最終的にコネティカット州ニューブリテンＹＭＣＡにいたＦ・Ｈ・ブラウンに白羽の矢を立てた。面談で「中国なら…」と日本行きには難色を示したという。しかし、中国に派遣する協力主事は決定しており、追加予算も許さなかった。フィッシャーはブラウンに「もし日本に赴任する意思があるなら、一都市ＹＭＣＡだけに所属する体育スタッフではなく、日本ＹＭＣＡ同盟主事として、全国のＹＭＣＡ全体を指導する立場でやってもらいたい」と提案した。それを聞いたブラウンに異存はなかった。1913年10月に夫人エディスとともに日本に着くと、まず全国のＹＭＣＡを視察した。

その結果を次のように報告している。

○東京ＹＭＣＡ――わずかにアーチェリーの用具があるのみ。建築計画中の体育館は竣工すれば申し分のないものになろう。ただ、予算上の問題でまだ着工に至っていない。

○横浜ＹＭＣＡ――私有施設なし、すべて賃貸。体育・スポーツ事業なし。

○京都ＹＭＣＡ――体育館は所有。用器具なし。体育スタッフ未雇用。

○大阪ＹＭＣＡ――体育スタッフ未雇用。狭小な体育館。

○神戸ＹＭＣＡ――新築の体育館。更衣室、シャワー室なども完備。スプリングフィールドの国際ＹＭＣＡトレーニングスクール卒業生の宮田守衛がすでに若干の体育・スポーツ講座を実施。

○長崎ＹＭＣＡ――体育スタッフ未雇用。

おおむね、どのＹＭＣＡもバスケットボールはもちろんのこと、体育・スポーツ事業については問題が少なくないことがわかった。各地のYMCAの視察を終えたブラウンは、1915年2月に神戸YMCAを拠点にして、関西地区のYMCAへのバスケットボール指導を始めた。神戸YMCAでは1911年に帰国した宮田守衛が体育担当スタッフとなって、バスケットボールを教えていたが、ブラウンの目には〝ヘルター・スケルター・ゲーム〟(Helter-skelter game ボールを奪取するや、ディフェンスの状態にいっさい目もくれないで常に早く攻める。しかし、これは単なる「韋駄《いだ》天《てん》攻め」でしかなく、組織的なプレーもないままでの〝あわて攻め〟とも言われる)と映ったらしい。そこで、外国人会員を月・金の両日、日本人会員を月・水・金の3日間ずつ、いずれも午後6時以降の時間に指導した。

さらに、週1回、大阪YMCAに通い、ここでもバスケットボールを教えた。大阪YMCAは1916年4月に会館ホールを仮屋内体育室としてバスケットゴールを設置したので、ブラウンの指導とともにバスケットボール講座の会員が増えていった。

## ◉佐藤金一との出会い

京都YMCAでは、1911年に体育部が創設された。ウィスコンシン州のウィスコンシン大学(マジソン校)のバスケットボールチームでプレーしていた佐藤金一が1915年に会員となり、チームを編成して練習していた。1916年10月にF・H・ブラウンが京都YMCAで講演したのをきっかけとして、「洋式運動」としてのバスケットボールがいっそう盛んになり、しばしば佐藤が率いるチームを指導したという。しかし、ブラウンは「京都には佐藤金一がいた。プレーがとても上手だった。だから、こと、バスケットボールに限ってはすっかり佐藤に任せていた。私はもっぱらバレーボールを教えていた」と述べている。

ブラウンが「任せていた」と言う佐藤金一は、1885年12月7日生まれの名古屋市出身。1900年に市内明倫中学校を退学して、父・政太郎の知己であるウィスコンシン州ミルウォーキーから来日していたアーサー・ヤングに連れられて渡米した。ミルウォーキー市内の中学校、高校での学業成績は優秀だった。そして、1905年に高校を卒業、ウィスコンシン大学（マジソン校）の文理学部を志望していたが、結局は商学部に入学した。在学中のニックネームは「K」。学内の学年対抗バスケットボール大会では、フォワードとして毎年代表選手に選ばれて、1年生と3年生のときに優勝している。

当時、ウィスコンシン大学の体育の授業でバスケットボールを指導していたのは、ハーバード大学とエール大学で体育講習を受け終わっていたE・D・アンジェルだった。学内でのバスケ

▲ウィスコンシン大学時代の佐藤金一
（前列中央。キャプテンだった）

ットボール指導はかなり高く評価されており、佐藤はこのアンジェルからプレーを習った。申し分のないバスケットボール環境で最新の技術と知識を身につけたといえる。そして、1909年にウィスコンシン大学を卒業。15〜24歳の9年間をアメリカで過ごして帰国。1909年の愛知県立第一中学校勤務を振り出しに職歴を重ね、1913年に京都府通訳となった。と同時に、京都府立第一中学校の英語教師として採用された。

京都YMCAに佐藤が行くようになるのは、時間の問題だった。ところが、そのころの京都YMCAでは剣道、柔道、ビリヤード、卓球などの講座があったが、バスケットボールの講座はなかった。そこで、佐藤は自ら申し出て講座を設けてもらい、コーチ兼プレーヤーとしてチームを指導した。幸い、この講座は好評で会員は増え続け、チームは急成長した。当時、京都YMCAのバスケットボールは地下の体育室で行われており、半分を柔道と剣道、残り半分をバスケットボールが使用して練習していた。夕方からの練習だったが、家具屋、呉服屋といったさまざまな仕事の人たちが勤めを終えてから三々五々練習に集まってきて、佐藤の指導を受けていた。佐藤は練習中、プレーの説明にしても練習方法のことにしても、しょっちゅうアメリカの様子を引き合いに出した。そういうとき、いつも「あっちでは…」が口癖になっていて、京都YMCAのチームの会員たちはひそかに〝あっち出〟というニックネームをつけていたという。

## ◉初めての国際大会

１９１３年（第1回・マニラ）、１９１５年（第2回・上海）と開催されていた極東選手権競技大会の１９１７年の第3回目の大会を日本で開催しないかと、フィリピンのマニラＹＭＣＡ協力主事のＥ・Ｓ・ブラウンが提案してきた。Ｆ・Ｈ・ブラウンと同姓でまぎらわしいので、「マニラ・ブラウン」と「トウキョウ・ブラウン」と呼び分けられることもあった。2人のブラウンは意見が一致し、大日本体育協会会長の嘉納治五郎を説得することになった。結局、１９１７年5月8〜12日に東京・芝浦で開催されることになった。

しかし、当時の日本のバスケットボール界はとうてい代表チームを出場させるまでには育っておらず、過去2回大会ともバスケットボール種目は不参加だった。だからこそマニラ・ブラウンは「今大会こそ、ぜひ…」と、トウキョウ・ブラウンに強く進言していた。そのころ、チーム編成が可能だったのは、わずかに京都と神戸の両ＹＭＣＡだけだった。そこで、１９１７年3月14日、大阪・豊中で代表決定戦として両ＹＭＣＡチームが対戦した。京都ＹＭＣＡチームが54－14と大差で勝ち、初めて、国際大会にバスケットボールの日本代表チームとして出場することになった。それから、京都ＹＭＣＡチームは毎週日曜日と水曜日の両日、大会直前には土曜日も練習して本番に備えた。このころの様子が次のように詳しく報じられている。

「本年5月東京芝浦に於いて催されし極東オリンピック（極東選手権競技大会）予選大会に優勝を博して無事予戦旗を獲得せる本会（京都ＹＭＣＡ）洋式運動バスケット部は去る3月の神戸青年会バスケット競技に大スコアーを以て敵を撃破せしにより、本会運動部の大会出場は愈々《いよいよ》確定せる事実となり、去日嘉納極東オリンピック大会々長の名を以て公式の通知を受領致し候。これにて我会選手が日本代表選手と相成りしわけに候。敵は名にし負ふ支那（中国）、比律賓（フィリピン）の荒武者、我にとっては恥ずかしからざる好敵手に候、何様斯《か》の国際的競技に我日本を代表せるわけに候間其任や重し、責任や大なりと感じ候（中略）嘉納会長以下特に激励の言葉を寄せられしも宜《よし》べに候、而《しか》も時日切迫せる今日更に一層の練習を乞ふの意味を以て去日極東大会日本委員会よりバスケット、ボールの名手ハンソン氏を態々《わざわざ》派遣し我等を数日に互《わた》り、丁寧に指導し下され候。目下毎週水、土、日の3日キャプテン佐藤氏の指導の下に一同練習を励みており候。必ずや日本代表選手として恥ずかしからざる戦を致すべく候。会員諸子の後援をこそ願上候」（京都ＹＭＣＡ「京都青年」、１９１７）。

チームのメンバーは次のように決定した。

〔マネジャー〕村上正次（京都ＹＭＣＡ総主事）

〔 選 手 〕佐藤金一（キャプテン）、加藤誠一、梶谷久、石田孝清、山本銀次郎、大久保久彦

そして、佐藤を中心に毎週日曜日には午後2時から、水曜日には午後7時から練習して大会に備えた。5月に入ってからは、さらに、毎週木曜日も練習し、F・H・ブラウンも数度にわたって京都ＹＭＣＡを訪れ、チームをコーチした。

１９１７年5月4日、いよいよ東京に向かって京都を後にした。次のような様子だった。

「先づ運動場に慣れておく必要があるからと遅くとも同会に先立ち、2、3日前迄には上京して呉

れとの本部の通知があったのが、選手一同各々職もある事だから、そんなに早くたたれない。やっとの事で4日に出発と決定した。七条駅にて多くの見送りの人の待ち合わされているのに出会った。発車時刻（午後10時56分）が迫った時、宇佐美主事はこんな句が出来たとて一首の即吟を示された、夫《それ》はさとう（佐藤）のやうに旨くやれかじだに（梶谷）とらば屹度《きっと》かとう（加藤）ぞ。

やがて、万歳万歳の声におくられて汽車は出た。一行5名村上主事は一列車先きに出発せられ、佐藤キャプテンは名古屋で大久保君は浜松で夫々《それぞれ》一行を待ち合はされる筈である。名古屋で佐藤さんが加はる、浜松で大久保君が殖《ふ》えてから車中大賑はひだ。

汽車はひた走りに走って11時半といふ時品川駅に着いた。此処《ここ》で村上主事に迎へられ、大会のバスケット部の委員長近藤茂吉氏に一同引き合せられ駅前の旅館品川館に入った。昼飯がすむと早速芝浦運動場の下検分に行く、バスケットのフィィールドは一面にボールドで敷きつめてあった之なら少々の雨だってびくともせんわい。

第2日（6日）、10時半から嘉納会長より選手一同に対し一場の告辞ある筈とかで10時に勢揃ひして芝浦に行く。2時半から練習試合をなす、対手は新進の称ある横浜青年会選手、大部のスコアーで勝つ、後から風呂に入るとき、まだ日本のチームにならどこにも負けまいネーとは選手等の私語。

7日（月）、朝食後練習をなす。正午一時賓客フィリピン軍選手の我が来訪するあり先づ腕試しに練習試合を挑む、6尺何分の中堅ラバヤ氏に対しては我の加藤堯将も宛然《えんぜん》小児の如く取扱る、昨日の傲将も本日は散々の体たらく、50対17の大スコアーにて勝を彼方に譲る。敢て借問す主将以下健在なりや否や」（京都ＹＭＣＡ「京都青年」、１９１７）。

大会に先立って、ブラウンは次のように予想していたという。

「やや悲観せざるを得ないバスケット、ボール。ヴォーレー、ボール。フット、ボールと来ては先づ匙を投げねばなるまい」（「大阪毎日新聞」、１９１７年５月１日）。

## ◉初の国際舞台の成果

日本が開催する初の国際スポーツ大会となったが、フィリピンと中国が参加しただけで、事実上、３カ国対抗戦だった。大会２日目の５月９日にまずフィリピン対中国戦があり、38−17でフィリピンが勝った。次いで、翌10日、午後３時40分より日本対中国戦が行われ、中国が35−16（前半20−6、後半15−10）で勝った。

そして、11日、日本対フィリピン戦は午後３時45分より行われ、フィリピンが39−14（前半26−4、後半13−10）で勝利を収め、優勝を果たした。

会場は陸上競技やバレーボールも行う「第１会場」と呼ばれるところで、板張りの屋外コートだった。あいにく、大会２日目の明け方には大雨となった。雨は止んだが、その日の午後は強風が吹き荒れて、バレーボール競技が一時中止になるほどだった。３日目も強風が吹きまくり、４日目の午後には雷雨があった。悪天候のため、コートの板と板との継ぎ目が大きく口を開けたり、板が反り返って負傷者が出て大急ぎで張り替えるなど、天気に泣かされた。

日本の戦績は残念ながらF・H・ブラウンの予想どおりになってしまったが、日本のバスケットボールチームが初めて外国チームと対戦した大会が終了した。１９１７年5月12日の大会最終日の午後8時30分から神田の東京ＹＭＣＡにおいて閉会式を兼ねた表彰式が行われた。この席上、大会会長・嘉納治五郎は競技総評の中で、次のように述べた。

「バスケット、ヴォレー等は最初より日本に勝利の見込なかりしが勝負は問題にあらず精神を鍛錬し品性を高尚ならしむるが運動の真髄なれば今後の奮闘を望む。負くるを念として欠席するなどは取らざる所なり」（「大阪毎日新聞」、１９１７年5月1日）。

これは、佐藤が率いる京都ＹＭＣＡチームが、日本代表としての不振に自らが責任をとる形で表彰式に出席しなかったことに触れているのだろう。佐藤らは5月14日には京都に帰着しているので、大会が終わるやいなや、早々に東京を離れたことになる。

佐藤たちの気持ちとは別に、当時の大日本体育協会は次のように述べている。

「キャプテンは佐藤金一氏で、幼いときにアメリカに渡り、高校を経てウィスコンシン大学を卒業している。聞くところによると、大学ではバスケットボールの選手だったそうで、京都ＹＭＣＡではだれよりも上手だった。しかし、ただ一人だけがずば抜けていても、チームを支えきるのは無理だ。そのころの日本のバスケットボールはまだ始まったばかりの草創期の段階だということを理解し、まだまだ強化されていないので外国チームに負けてもやむを得ないと同情し、熱い気持ちで見守ってくれる人は指折り数えるくらいしかいない。非常に肩身が狭い思いがした」（日本バスケットボール協会『日本バスケットボール協会50年史』、1981）。

だが、送り出した京都ＹＭＣＡは戦績にこだわることなくチームを温かく迎え、1週間後の5月21日に慰労会を開き、その労をねぎらった。そして、次のような一文が京都ＹＭＣＡの機関誌に載った。

「それまでは土曜日2回、日曜日1回の練習だったが、バスケットボール代表チームとして5月初めに開催される極東選手権競技大会に出場するので、4月18日からは水曜日も練習にあて、さらに木曜日の柔道・剣道の時間もバスケットボールの練習にあてることになった。いつも佐藤金一氏がコーチし、Ｆ・Ｈ・ブラウン氏やハンソン氏も何度か練習に来てくれた。競技の結果は残念ながら敵に勝ちを譲ったが、練習してまだ日が浅いわがチームとしてはやむを得ない。けれども、大会に出場したおかげで得たものも多い。今後に生かして、目を見張るようなチームに成長したい。われこそは思う方は練習に参加していただきたい」（京都ＹＭＣＡ「京都青年」、1913）。

他方、大日本体育協会は「ティームの首脳は佐藤金一で、此の技術は抜群であり、米国の大学仕込みの腕前は比支の選手に比較して、個人としては優りこそすれ劣れりとは思へなかった。極東大会に於いては比、支の敵にあらず、敗北し去ったが、其の記録は初出場としては寧《むし》ろ上出来の部に属するものであった」と総括していた（「日本バスケットボール協会」、『日本バスケットボール協会50年史』、１９８１）。

## ◉ブラウンと東京ＹＭＣＡ

さて、１８８０年に日本で最初に結成された東京ＹＭＣＡの体育施設の拡充は、関西のＹＭＣＡにやや遅れをとっていた。しかし、１９１７年11月についに体育館（屋内温水プールつき）が完成した。関西地区のＹＭＣＡで指導を終えたＦ・Ｈ・ブラウンは東京ＹＭＣＡに移り、バスケットボールを本格的に指導し始めた。おもにアメリカから来日した外国人チームと練習ゲームを行った。これが「本場のバスケットボール」を吸収する絶好の機会となった。急成長を遂げた東京ＹＭＣＡチームは、１９１７年末には横浜ＹＭＣＡチームを破っている。さらに、１９１８年４月には関西遠征を行い、前年の第３回極東選手権競技大会の日本代表だった京都ＹＭＣＡチームをも難なく一蹴してしまった。このころの東京ＹＭＣＡの体育館は、バスケットボールにとりつかれたような青・少年層の会員たちで昼も夜もいっぱいだった。内部でのゲームが盛んに行われ、他のスポーツ講座からバスケットボール講座はフロアを独り占めして横暴だと言われるほどだった。

そして、東京ＹＭＣＡチームは、１９２１年５月に上海で開催された第５回極東選手権競技大会に日本代表として出場した（日本21－48フィリピン、日本29－32中国）。続いて、11月に東京駒場で全日本陸上競技選手権大会が開催されたとき、大日本体育協会は第１回全日本バスケットボール選手権大会も行った。東京YMCAチームが優勝した。東京YMCAは日本のバスケットボール界を支える屋台骨の役割、位置づけを完全に京都YMCAにとって代わった。東京YMCAチームを日本のトップチームに育て上げ、ひいてはYMCAを日本のバスケットボール界の主流に引き上げたブラウンの功績については多くの言を要しない。

また、ブラウンの寄与はYMCAやバスケットボールにとどまらない。まとめると次のようになる。

1913年　来日。直ちに関西地区のYMCAで指導開始。

1917年　第3回極東選手権競技大会競技名誉主事。

1920年　オリンピック・アントワープ大会日本選手団陸上競技（トラック種目）コーチ。

1920年　IOC技術委員会極東地区名誉代表

▲日本のYMCAにおけるゲーム（1917年）

（〜1930年）。

1923年　第6回極東選手権競技大会（大阪）競技名誉主事。

1924年　オリンピック・パリ大会競技名誉支援スタッフ。

1928年　オリンピック・アムステルダム大会〝日本報道〟特別連絡担当。

1930年　第9回極東選手権競技大会（東京）競技委員会委員。

## ◉ブラウンの足跡

ところで、日本の体育・スポーツ史について、次のようなことが言われている。

「1912年の大日本体育協会の設立とおなじ年の国際オリンピック（ストックホルム大会）への初参加を以て明治時代の幕をとじたスポーツ界は大正期（1912年以降）に入ると国内普及と組織時代に入った・・（中略）・・大正から1936年ころまでの20数年間は旺盛なスポーツ勃興の時期であり、かつ国際舞台に活躍の時期でもあって明治以降もっとも多彩な時期であった」。

そして、このころのYMCAの体育事業については、次のように受け止められていた。

「はなばなしくはないが特異な存在に、YMCAの体育がある。YMCAの特色は・・（中略）・・特に都会の青少年を対象に社会体育の普及と指導者の養成につとめ、今日でいうレクリエーション主義をはじめから主張したことであって、体育館活動と共に野外活動を奨励し・・」。

このような背景のもとにブラウンは来日し、活動した。

ブラウンは1930年に帰国した。このとき、東京YMCAの愛弟子の柳田亨体育主事は次のような惜別の文章を綴った。

「今後はさらに氏の指導と尽力に俟《ま》つもの多々あるとき、一身上の御都合とは云へ、日本を去って帰米せられる事に決定せられた事は惜しみても余りある事である」（柳田亨「ブラウン氏を送る」、「東京青年」、1930）。

ブラウンの17年間の日本における業績がどのように評価されたかは、1932年に叙勲（勲五等瑞宝章）を受けていることがそのすべてを物語っている。ブラウンは、1973年7月11日に他界した。

# 第９章 ＦＩＢＡの誕生

初期のシューズ

## ◉国際アマチュアハンドボール連盟

１９２６年に当時の世界のスポーツ統括組織としての国際アマチュアスポーツ連盟（ＩＡＡＦ）が、「両手を用いるボールゲーム種目」（ハンドボール、バスケットボール、バレーボールなど）を管理する特別委員会を発足させた。その理由は、とくにヨーロッパの多くの国々の陸上競技選手が冬季トレーニングにボールゲームを取り入れていたからだった。

特別委員会はまずハンドボール部会を置き、これが１９２８年に国際アマチュアハンドボール連盟（ＩＡＨＦ）となった。そして、屋外ハンドボール、壁打ちハンドボール、さらにバスケットボールの3種目のそれぞれの専門委員会を設けた。バスケットボール委員会はフランスが委員長と常任委員を占めた。当時、とくにヨーロッパでは、バスケットボール界の牽引役はフランスだという背景があったからだ。しかし、委員会の実態は各国が独自に解釈した競技ルールを採用していたりして、実質的には統括機能を欠いていた。この影響がもっとも大きかったのはヨーロッパだった。その理由は次のような複数の国々の主導権争いが起きていたからだ。

(1)　１８９３年からの伝統をもつフランス。

(2)　フランスに先を越されて後れをとるベルギー、スペイン、ポルトガルなどの国々。

(3)　第一次世界大戦以降にＹＭＣＡやアメリカの関係者から手ほどきを受けて普及した国々。

したがって、国際大会ではまず最初に徹底的なルールのすり合わせをしないとゲームにならないほどだった。この状態の〝救世主〟となったのが、スイスのジュネーブの国際ＹＭＣＡ体育学校（発祥の地・国際ＹＭＣＡトレーニングスクールから名称が変わったスプリングフィールド大学とＹＭＣＡ国際委員会が１９２７年10月に開校）だった。同校のチームはプレーヤーの大半がアメリカ人もしくはバルト諸国出身者で、最新のアメリカンルールでやっていた。他方、フランスが採用していたルールを採用した国もあったが、同校チームが優秀だったのでジュネーブのみならず各国で有名になり、数カ国で対戦するときは同校が貴重な橋渡し役を果たしていた。

同時に、スイス・バスケットボール連盟は、国際アマチュアハンドボール連盟に対して、事実統括能力を喪失していたバスケットボール委員会に代わる組織としての承認をもらうことを要請していた。国際アマチュアハンドボール連盟は事実上バスケットボールから手を引いたも同然だったのに、その要請を無視して、スイスフットボール／陸上競技連盟をバスケットボール協会として認め、さらに、フランス陸上競技／バスケットボール協会をバスケットボール協会として認めていた。この結果、バスケットボールの国際的橋渡し役を自任していたスイスの国際YMCA体育学校は失望と憤りで、独自の統括組織を立ち上げる方針を決めた。

## ◉国際バスケットボール連盟

当時のヨーロッパでもっとも充実していた協会はイタリアだった。1930年5月11日、スイス・ナショナルチームがローマに行きイタリアチームと対戦したとき、スイス・バスケットボール協会を代表して同行していたR・W・ジョーンズ（スプリングフィールドの当時の国際YMCAトレーニングスクールの卒業生）が、イタリア協会会長と話し合った。そして、次のような事項で合意した。

(1) 各国が使用しているルールの確認と統一競技ルールの提案。
(2) 国際バスケットボールを統括している国際アマチュアハンドボール連盟の指示や要求の拒否。
(3) 既存のどの競技団体にも属さない新しい独立した国際バスケットボールの統括組織の創設。

ローマから帰国したジョーンズは、1930年6月26日にヨーロッパでバスケットボール協会が設立されているすべての国々に対して、ジュネーブへの招待状を発送し、この3事項の協議を呼びかけた。その後、イタリア、ベルギー、ポルトガル、アルゼンチンなどから「賛同」の返事が届いたが、残りの国々は「時期尚早」という消極的な返事ばかりで実現しなかった。次いで1931年2月9日、今度はイタリア協会が会議出席を呼びかけたが、結果はまたもや実を結ばなかった。

ところが、1932年の初めからジョーンズとイタリア協会の呼びかけに積極的な反応が起こり始め、「会議を開こう」という機運がようやく盛り上がってきた。そこで、国際YMCA体育学校が「1932年6月18日にジュネーブで開催する会議への出席」を促す書簡を各国協会に送った。

その日、朝10時にジュネーブ（スイス）の国際YMCA体育学校の会議室にアルゼンチン、ギリシャ、イタリア、ラトビア、ポルトガル、ルーマニア、スイス、チェコスロバキアの8カ国のバスケットボール協会の代表が集まった。ハンガリーとブルガリアがオブザーバーとして出席することになっていたが、「出席」の記録がない。沈黙を保っていたフランスの陸上競技／バスケットボール協会は「欠席」を通知、さらに「6月15日と16日にパリで会議を開くので出席してほしい」と逆提案してきた。しかし、その誘いを無視して、会議は始まった。アルゼンチンが「会議の成立と有

▲初代FIBA事務総長R. W. ジョーンズ

効性」を提案して承認され、第1回国際バスケットボール連盟の会議が成立した。ジョーンズがまず初めにヨーロッパ各国のバスケットボール事情を報告しながら、次のことを審議することを提案した。

①ルールの統一（国際ルールの制定）。

②国際統括組織団体の設立。

どこの国からも異論はなく、満場一致のもと承認された。昼食休憩後、さらに長時間にわたる審議が続いた。そのなかで議論の焦点として、次のことが浮上した。

(1)国際アマチュアハンドボール連盟から離脱して、どのような新組織とするのか。

(2)会議出席国のなかにはバスケットボールだけでなくバレーボールも管轄している協会がある。新組織ではバレーボールも関係していくのか。

結論として、完全に独立した組織とし、バレーボールには関わらないことになった。そのうえで「国際バスケットボール連盟」（FIBB＝Fédération Internationale de Basketball）という名称とし、その「定款」の素案を審議、満場一致で承認した。さらに、「夕食後の会議までにスイス、イタリア、アルゼンチンの3カ国で連盟執行部人事案を作成する」ことも承認した。

レマン湖のほとりのビーズ岬の由緒あるレストランでの夕食会は和やかな雰囲気のうちにも、連盟を立ち上げようという熱気がみなぎっていた。予定より40分遅れで午後9時10分ごろに会議が再開された。そして、執行部人事案の審議が行われ、次のように初代中央理事会が発足した。

会長…スイス、副会長…イタリア、事務総長…イタリア、財務長…スイス、常務理事…アルゼンチン／ポルトガル

事務総長にはジョーンズが就いた（記録では彼の所属国はイタリアになっている）。さっそく、今後の運営をめぐる詳細が話し合われ、次のようなことが決まった。

(1) 票決は加盟1カ国1票とする。
(2) 加盟国は中央理事会の許可のもと非加盟国と対戦できる。
(3) 国際ルールは当面は修正アメリカンルールとし、オリンピック（4年）ごとに見直す。

それからの国際バスケットボール連盟は多忙な日が続いた。謄写版印刷ながら国際ルールブックの英語版とフランス語版を刊行した。加盟国も増加し始め、チェコスロバキアの中央理事会入りも承認した。さらに「定款」の最終版の検討も続けた。

## ◉フランス協会の変化——反発と軟化

そういう状況のなかで、フランス協会の反発という問題が顕在化してきた。すでに述べたように、1932年6月18日にジュネーブで第1回国際バスケットボール連盟会議が行われたとき、フランスが逆提案してきた「6月15日と16日のパリでの会議」に応じた国はひとつもなかった。フランス協会はジュネーブに集まった国々を「国際ハンドボール連盟に反旗を翻した」と非難する始末だった。

しかし、国際バスケットボール界の流れからの孤立を恐れたのか、フランス協会は次第に態度を

軟化し始めた。信任の厚かった国際ハンドボール連盟とは距離を置き、国際バスケットボール連盟に対してのそれまでの強硬な態度を和らげ始めたのだ。

そこに、願ってもない機会が訪れた。1933年5月、イタリアのトリノでフランス、エストニア、ラトビア、ハンガリーによる5カ国対抗学生総合競技大会が開催され、バスケットボール競技は国際バスケットボール連盟の国際ルールが適用された初の国際大会となった。このとき偶然にもフランスバスケットボール協会会長が団長を兼ねてトリノに来ていた。さらにイタリアチームの団長は国際バスケットボール連盟副会長を兼ねるイタリア協会の会長だった。必然的に顔を合わせる日が多かった。バスケットボール競技担当専門委員でトリノ入りしていたジョーンズはフランス協会との友好関係

▲初期の男子のゲーム（フランス）（Photo of Une Histoire DU BASKET FRANCAIS）

づくりの好機とみて、両者の会食を設定した。当時のトリノではもっとも老舗で味も最高のレストランで懇談は行われ、「互いの利害に固執することなく、バスケットボールの普及・振興に両者が提携していく」という合意が生まれた。

わずか1日後に改めて、フランス協会、国際バスケットボール連盟副会長、ジョーンズの3者が集まり、「10月にスイスのレマン湖畔ローザンヌで公式会議を行う」ことが決まった。そして、次のことを協議することが確認された。

(1) 名実ともに世界のバスケットボールを統括する独立組織の結成。
(2) 国際ルールの制定。
(3) 1936年に開催されるオリンピック・ベルリン大会からの正式種目入り。

さらに、国際アマチュアスポーツ連盟からバスケットボール委員会の管理を任されている国際アマチュアハンドボール連盟からの離脱、独立を認めさせることについても、同意した。そして、「1935年にジュネーブで第1回ヨーロッパ選手権を開催する」ことも決まった。その後、紆余曲折はあったが、1934年2月にフランスのリヨンで「適用ルールの決定などの選手権準備会議」が3日間にわたって開催された。国内全土規模のゼネスト宣言が出されていたが、会議そのものはその騒々しさが届かない市内の高級レストランの落ち着いた特別室で粛々と行われ、2年前のジュネーブにおける国際バスケットボール連盟立ち上げ会議で決めた「修正アメリカンルール」を適用することとした。また、新たにフランス、ベルギー、スペインが加盟を表明した。

▲アメリカの大学女子のゲーム（1917 年）

▲日本における初期のゲーム（大阪 YMCA？）

## ◉FIBAへの歩み

残された課題は、IOC（国際オリンピック委員会）から「世界のバスケットボールの統括組織」としての承認をどのようにして得るかだった。もちろん、それまでIOCは、国際ハンドボール連盟こそがその任に当たっているとみなしていた。ところが、1934年5月にアテネでIOCが開いた会議のさい、「世界のバスケットボールの統括組織承認問題は、当事者同士の協議の最終結論に委ねる」と決めた。1934年末、国際アマチュアスポーツ連盟と国際ハンドボール連盟がスウェーデンのストックホルム市内で別々に総会を開くことになっていた。やはり、国際バスケットボール連盟は誰一人としてこれらの会議には呼ばれていない。しかし、国際バスケットボール連盟副会長と事務総長（R・W・ジョーンズ）は国際ハンドボール連盟総会で直談判することにし、ストックホルムに飛んだ。招かれてもいない二人がいきなり押しかけても歓迎されるはずがなかった。ところが、のちにIOC会長になったA・ブランデージたちが、その言い分を聞いてみようと提案した。その結果、二人の出席を認めるかどうかを票決することになった。

意外なことに、結果は「出席の承認」だった。それどころか、スポーツマンシップに則り、発言も許可された。二人は、もはや国際ハンドボール連盟のバスケットボール界への影響力は消失していると訴え、「脱退・新組織の誕生の承認」を求めた。これに対して、その場では結論が出されなかった。国際ハンドボール連盟は特別委員会を設けて、ジョーンズらの意見を受け入れるかどうか検討し、1934年9月1日に次のようなことを報告した。

(1) 国際ハンドボール連盟はバスケットボールの統括権限を放棄、国際バスケットボール連盟が引き継ぐことを認める。

(2) 世界各国のバスケットボール協会は、国際バスケットボール連盟に加盟費を納入すれば公式加盟国となる。国際ハンドボール連盟 に対しても加盟費を納入すれば公式加盟国とする。

(3) 両連盟は相互の理事会への代表の出席を認め、投票権も与える。そして、相互が連絡、調整・支援を絶やさないようにしていく。

これを受けて、IOCはかねて決めていた方針に従い、1935年2月の会議で国際バスケットボール連盟を承認した。この時点で、国際バスケットボール連盟への総加盟国は次の17カ国となった。――アルゼンチン、ギリシャ、イタリア、ラトビア、ポルトガル、ルーマニア、スイス、チェコスロバキア、フランス、ベルギー、スペイン、ドイツ、オーストリア、エジプト、エストニア、ポーランド、アメリカ――。

こうして、今日の国際バスケットボール連盟の基礎が完成した。

ところで、オリンピックはもともと「アマチュア選手権大会」だった。したがって、当初の国際バスケットボール連盟（FIBB＝Fédération Internationale de Basketball）には〝アマチュア〟（Amateur）が付いていないので、オリンピック種目になるには正確な表記ではなかった。

1936年のベルリン大会からの実現を目指していたので、名称変更が必要になった。すなわち、FIBBから〝アマチュア〟(Amateur)をつけ加えたFIBA(Fédération Internationale de Basketball Amateur)へと表記が変わった。

ところが、後々になって、IOCが「プロ容認」に踏み切り、アマチュアとプロとの区分けがなくなったので、FIBAも1989年4月8日の総会(於・ミュンヘン)においてIOCの方針を受け入れることを決定した。そうなると、今度はFIBAの〝A〟(アマチュアのA)は不要になり、再びFIBBという名称に戻っても構わないことになる。しかし、長く慣れ親しんできた名称なので、FIBAの解釈をFédération Internationale de Basketballとして、FIBAはもとのまま使用することになった。

FIBAの初代事務総長は、R・W・ジョーンズが1932〜76年の44年間ほどの長きにわたって務めた。第二代事務総長に就いたのはユーゴスラビアのB・スタンコビッチだった。1976年にR・W・ジョーンズから引き継ぎ、2002年まで務めた。そして、P・ボウマン(スイス)が第三代事務総長に就き、今日に至っている。

事務局の所在も、1932〜40年＝ローマ(イタリア)、1940〜56年＝ベルネ(スイス)、1956〜2002年＝ミュンヘン(ドイツ)と変わってきた。2002年6月からジュネーブ(スイス)に移転している。

第10章

# オリンピック種目に

縫い目のある初期のボール

## ◉F・アレンの思い

バスケットボールを創案したJ・ネイスミスは、1895年にスプリングフィールドの国際YMCAトレーニングスクールからコロラド州デンバーYMCAに転勤、次いで、1898年にカンザス州ローレンスのカンザス大学の体育部長兼キャンパス宗教部長（チャペル活動担当）に就いた。そして、自らが創案したバスケットボールを学生たちに指導し、チームを編成して対外試合も始めた。

1902-03年度シーズンにF・アレンという優秀なプレーヤーと出会い、翌年度シーズンからのカンザス大学入学を勧めた。誘いをうけたアレンは1905年の秋に入学したが、学内では評判の低いバスケットボールではなく、注目の的だったフットボールチームに入部してしまった。ところが、前々からアレンのバスケットボールの力量を高く評価していたベーカー大学は、彼にバスケットボールチームのコーチ就任を依頼した。それを受けて、アレンは1906年にカンザス大学を退学、ベーカー大学のコーチに転身した。

1907年秋、ネイスミスはアレンを後継者に指名、彼はそれに応えて1907-08年度シーズンからカンザス大学に復帰、指揮をとり始めた。以来、カンザス大学を全米大学バスケットボール界の屈指の名門校のひとつに育て上

▲カンザス大学で指導した当時のネイスミス。後列の右端。

げたことはよく知られている。いったん退任したときもあったが、1953–54年度シーズンまでの35年間にわたってチームを率いた。その間、1923年、24年と全米学生選手権（NCAA選手権）を連覇したころに「全米バスケットボールコーチ協会」（NBCA = National Basketball Coaches Association）の設立の機運が高まり、その実現にも尽力した。1927年に結成されたとき、初代会長に推され、3年間その任を務めた。

アレンはバスケットボールがアメリカ国内のみならず国際的にもますます普及・発展していくのを見聞きして、全米コーチ協会に対して「バスケットボールをオリンピック種目にする」キャンペーンを展開することを提案した。全米のコーチたちに異存はなく、ただちに準備委員会がつくられ、委員長に推された。1930年4月、シカゴで開かれた第4回NBCA総会でアレンはいっそう強い調子でオリンピック種目実現への結束と努力を訴えた。というのは、1932年8月に行われるオリンピック・ロサンゼルス大会が絶好のチャンスという判断があったからだった。しかし、懸命な努力もむなしく、結局、正式種目どころか、デモンストレーション種目にもならなかった。

## ◉実現までの経緯

さて、オリンピックはロサンゼルスの次は、1936年にべ

▲F. アレン

ルリンでの開催が決まっていた。国際バスケットボール連盟（ＦＩＢＡ）は組織が確立したので、もうひとつの目標に向かうことにした。すなわち、「ベルリン大会からの正式種目としての実施」という目標に向かってＩＯＣに働きかけていくことになった。すでに数年前から候補種目リストには載ってはいたらしい。鍵はベルリン大会組織委員会が握っており、まさに同委員会の一存にかかっていた。ドイツのバスケットボールは１９３２年にイラン（当時はペルシア）の学生たちが伝えたとされ、ルールブックも３年後の１９３５年に初めて刊行された状況だった（FIBA, The Basketboll World, 1972）。だから、バスケットボールというスポーツはドイツではまだ充分普及しておらず、大会組織委員会も「正式種目に加えよう」という意識はなかったという。

１９３４年8月、ストックホルムにおける国際ハンドボール連盟の総会に出席して「バスケットボールの独立」を訴えたのち（第9章参照）、ＦＩＢＡの事務総長R・W・ジョーンズがストックホルムからローマへの帰途、ベルリン大会組織委員会事務総長のC・ディーム（ドイツ体育大学ケルンの初代学長。聖火リレーの発案者として知られる）と話し合うチャンスがあった。ジョーンズにとってディームは恩師のひとりだった。バルト海を渡るフェリーで、ジョーンズはディームに切々と思いをぶつけたという。じっと耳を傾けていたディームは、「よくわかった。考えてみよう」と含みのある言葉を返したらしい。その後、ジョーンズはベルリンに赴き、大会組織委員たちと会合を重ねることができた。おそらくディームの配慮だったことは想像に難くない。

１９３５年10月19日、ベルリン大会組織委員会は全委員の出席を求めて会議を開き、「ＩＯＣが

FIBAを世界のバスケットボールの統括組織として承認すること」を付帯条件として正式種目に加えることを決定した。IOCはおよそ半年前の5月のアテネ会議で事実上の承認を内定したも同然だったから、10月のベルリン大会組織委員会の決定は「バスケットボールのオリンピック正式種目入り」が決まったことを意味する。

ちなみに、このニュースは日本でもこう伝えられている。

「1936年伯林《ベルリン》に於て挙行せられるオリムピック大会のプログラム中にポロとバスケットボールが加へられる事が、10月19日のオリムピック組織委員会の席上に於て承認された。オリムピック競技は全世界のアスリート祭である以上、オリムピック組織委員会は異議なく国際籠球連盟の申出を承認した」（「籠球」、18号、1936）。

オリンピック・ベルリン大会は、1936年8月1日〜16日に開催された。8月8日にFIBA総会がベルリンで行われた。議長に選ばれた（のちのIOC会長）A・ブランデージ（アメリカ）が次のように挨拶した。

「バスケットボールが第1回の競技会であるにも拘《かか》わらず、21チームの多数を出し、五大陸からあまねく選手を集めたということは他の競技には決してみられぬ事である。これはとりもなおさず、此競技が如何に世界に普及して居り、又如何に多くの愛好者を持っているかを示す、而《し》かもそれらバスケットボール競技者と愛好者の熱意というものが非常なものでなければ、第1回已《すで》に此様な盛況をみる事はできない。茲《ここ》に集まっている我等は凡《すべ》て此競技の熱愛者であるが、それにもまして我々の背後にある此限りなき熱意に注意する必要がある。この後6日間我々はよく協力して、今後の世界籠球界を善導する方策を考えたい」（「籠球」18号、1936）。

## ◉ぬかるんだコートでのプレー

ゲームには制定していた国際ルールを適用することにした。その特徴は次のような点だった。

(1) 1チームの人数は7名。したがって交代は2名となる。一度ゲームから退いた者は4回のファウルまたは負傷によって退場する者に代わるべき交代者がない場合にのみ、再び出場が認められる。

(2) 3秒ルール、10秒ルールは適用しない。

(3) 原則としてクロックストップしない。ただし、マルティプルスロー、ダブルファウル、審判がコールした特別な場合はストップする。

(4) フリースローの後はセンタージャンプによってゲームを再開する。

(5) ゲームはすべて屋外コートで行う。

(6) 審判は「1人制」とする。

そして、7月30～31日にジョーンズが中心となって審判講習会を開き、実際に笛を吹く〝国際審判員〟を選んだ。さらに、テクニカル・コミティがメンバーにフランス、アメリカ、チェコ、日本（浅野延秋・団長）を選び、ジョーンズが加わって構成された。参加したのは21カ国だった。

当初、スペインが申し込みを終えて、オリンピック村に入村済みだったが、国内事情の急変（1936～39年のスペイン市民戦争と呼ばれる内戦）のため帰国、棄権した。ハンガリーも参加する予定だったが、ベルリンに来なかった。

記念すべき第1試合はエストニア対フランスで、J・ネイスミスがトスアップした。屋外のコートは粘土、砂、おがくず、塩などを混ぜて固めたテニスコートで、雨が降るとまるで沼地さながらだった。決勝戦はアメリカ対カナダだったが、雨が降っていたのでひどいコンディションのなかでのゲームになった。豪雨のなか両チームのプレーヤーがレーンコートを着て開始時刻の午後6時に集まってきた。あまりの土砂降りでコートは水浸しになっていた。2000人の観衆がコート脇の木々の下や建物の軒下から観戦していた。まさに〝泥んこ合戦〟だった。

▲ベルリン・オリンピックの屋外のコートでのバスケットボールの試合

参加した日本チームは、このように語っている。

「この日は、まあお話しても日本でバスケットボールを常識的に心得ていられる人だったら、恐らく嘘《うそ》だと思われるような荒天の下に決勝戦が行われたんです。物凄い土砂降りだったんです。レーンコートを着て立っていても、この洋服を着ていたのですが、チョッキの下を水が流れるような土砂降りです」(「籠球」18号、1936)。

決勝戦は雨中のアメリカ対カナダとなった。前半、アメリカが15-4とリードした。雨は後半に入っても止まず、両チームともわずか4点ずつしか得点できなかった。そして、最終スコアは19-8でアメリカが勝ち、初の金メダルを獲得した。最終順位は、1位アメリカ、2位カナダ、3位メキシコ、4位ポーランド、5位フィリピン、6位ウルグアイ、7位イタリア、8位ペルー、9位~14位ブラジル、チリ、チェコスロバキア、エストニア、日本、スイス、15位~18位中国、エジプト、ドイツ、ラトビア、19~21位ベルギー、フランス、トルコだった。

## ◉幻の身長制

ところで、今はすっかり〝幻の話〟になってしまったが、世界のバスケットボール界でたった一度だけ「身長制」が浮上したことがある。ベルリン・オリンピックの競技開始前の会議で、日本が「身長180cm以上のプレーヤーの出場は認めない」という身長制導入案を提出したのだ(「籠球」第18号、1936)。

日本の提案理由は次のような内容だった（文体は現代風に書き改めている）。
「私たちは熟慮研究の結果、バスケットボールの対抗競技においても、他の競技に体重別クラス区分があると同様、身長制限を設けるべき必要があると信じている。競技者のアブノーマルな身長は競技能力、技術の熟練という点からみれば第二義的なものだから、超人的身長が技術と熟練の進歩に影響することは少なくないし、適切な身長制限クラスを新設することによって、純粋に技術と能力を競い合わせる機会を作る必要がある。身長の高低が競技に過度に影響するのを防ぐことによって、世界のバスケットボール界の進歩をはかるべきだ」。

1936年8月10日、日本の会議代表を務めていた李想白（韓国大邱出身。早稲田大学バスケットボール部で活躍。当時の日本バスケットボール協会理事）、カルボ（フィリピン。のちにアジア・バスケットボール連盟の事務総長）、舒鴻（当時の中国）の3者が事前打ち合わせを行った。席上、カルボは「この趣旨には会議出席者が賛成しても、実際は通過しないだろう」という意見だった。舒鴻は「いずれにしてもこれはぜひ通したい」と述べた。これに対して、李想白は「ヨーロッパは全部日本案に賛成で、結局、通過する」という見通しを示した。

会議2日目（8月12日）、諸議題が続いた後、李想白は「日本がかねて会長あてに提出していた『身長制限の件』はどのような手続きで審議するのか」と質問したところ、「それは技術委員会ではなく会長あてだから総会で取り上げる」ことになったという。翌日の会議第3日目、日本は「けしてある国だけを有利にしようという度量が狭い見解に立っているのではなく、高いバスケットボールの技術の進歩のために必要ではないかと信ずる」と提案趣旨を述べた。さらに、「日本からの提案が短身者の有利さのみを考えたのではなく、長身者を除いてみてはどうかという趣旨なのだ。身長という条件にあまり大きく影響されないクラスを新設すべきではないか。このクラス別制は各国に完全実施を強いる必要はなく、少なくとも国際競技、とくにオリンピックのようなものには必須だと信じている」と力説した。

これに対して、事務総長ジョーンズが「日本の提案の内容はきわめて重要であり、またきわめて興味ある問題だが…」と前置きして次のようなことを指摘した。

「まず、①センタージャンプをなくすことによって、身長の過大な利益を削減するか、②選手の身長を制限するか、③バスケット（ゴール）の高さを上げるか、④新しくフリースローレーンを引くか（フリースローサークルからエンドラインに垂直なラインを引くことによって、フリースローレーンを広め、ゴールの真下に長身者が陣取るのを防ぐ）などの課題が残る。日本は『身長制』を実現しようとしているが、センタージャンプは廃止することになったので、これだけでも日本側の主張に沿っている」。

李想白は、このジョーンズの指摘に次のように反論した。

「身長の優位はセンタージャンプのみではない。腕が長いことはあらゆる面に影響し、ボクシング、レスリング、ウェイトリフティングの体重制よりも、頭上のゴールに対する身体の不利は明らかだ」。

日本の会議代表として李想白は、ジョーンズの指摘を一蹴、なおも主張を続けた。それから会議は揉めた。そして、ジョーンズが「次の案を順番に採決したい」と提案した。

①センタージャンプの廃止
②リングの高さを変更
③フリースローレーンの拡大
④センターサークルの外側にもう一つ（半径3m大の）サークル
⑤同身長者によるセンタージャンプ
⑥選手の身長制限（1クラス制＝規定身長以下）
⑦選手の身長制限（2クラス制＝規定身長以上と以下）
⑧ジャンプにおけるボールをはたく回数制限

しかし、日本はこれにも猛反対して、議論がなお続いた。つまるところ、選手の身長制限で「1クラス制」と「2クラス制」の2案で採決することになった。結果は日本、カナダ、アメリカ、ベルギー、ドイツ、イタリア、中国、フィリピンが「2クラス制」に賛成、8対5の票差で日本の主張が認められた。「1クラス制」を支持したのはフランス、スイス、エストニア、チェコスロバキア、メキシコだった。

焦点は「身長」に移った。日本の180cmに対して、ドイツは185cm、カナダとイタリアが

「180cmは低すぎるから190cmにしてほしい」と言い出した。結局、採決の結果、9（カナダ、フランス、ベルギー、ドイツ、スイス、イタリア、エストニア、チェコスロバキア、メキシコ）対4（日本、中国、フィリピン、アメリカ）で「190cm」に決まった。そして、日本案（180cm）は消えた。

さて、この「190cmを境にした2クラス制」だが…よく知られているように、オリンピックはこのベルリン大会の次の1940年大会は、ヘルシンキとの決戦投票の36対27という結果で、初のアジアでのオリンピックとして東京開催が決まっていた。つまり、「身長制」は東京大会から採用されるはずだった。ところが、1937年に勃発した日中戦争の影響で、日本は1938年に東京大会の中止・返上を決定した。

バスケットボールがオリンピックで復活したのは1948年のロンドン大会だった。続く1952年のヘルシンキ大会の際、国際バスケットボール連盟は世界総会を開催した。議題のひとつは「ルール変更」だった。じつは1950年の第1回FIBA世界選手権では身長制は採用されなかった。議題には1936年のベルリン大会で決定した「190cmを境に区分する身長制の廃止を確認する」ことも含まれていた。第二次世界大戦の影響で2回のオリンピックを中止した空白の間に、日本が苦労して実現を目指していた「身長制」はまったく顧みられることなく闇に葬られた。

## ◉ネイスミスのオリンピックへの旅

１９３５年10月19日に「バスケットボールがオリンピック・ベルリン大会から（男子）正式種目となる」というニュースを聞いたF・アレンは、１９３６年がバスケットボール誕生45周年と重なることに気づき、全米バスケットボールコーチ協会に「ベルリン・オリンピックで初めてバスケットボール競技が実施されるので、大会期間中、創案者ネイスミス氏を表敬し、感謝の意を表する機会をつくるのは当然のことだ」と提案した。

長年にわたってアメリカのバスケットボールの振興に貢献してきたアレンの言葉には説得力があった。さっそく、二つのことが具体的に決められた。ひとつは「ネイスミスに新築の家をプレゼントすること」、もうひとつは「夫妻にベルリンへの旅をプレゼントすること」だった。そして、全米ネイスミス基金（The National Naismith Found）という組織を設け、寄付金を募ることにした。ただちに募金活動がスタートし、順調に進んだ。全米の大学、高校はもとより、教会リーグ、プロ、ボーイスカウト連盟、ガールスカウト連盟など、とにかくバスケットボールに関係するありとあらゆるところから寄付金が集まってきた。さらに、１９３６年2月7日～15日を〝ネイスミス・ウィーク〟と名付け、この期間における全米のすべてのゲームの観客から1セントずつの寄付を募った。そして、１９３６年の4月末までに募金総額は４７９４ドル90セントにのぼったという。この額はネイスミス夫妻がベルリンに行き、その他のヨーロッパ各地を回ってきてもなお余りあるほどだった。しかし、新しい家を贈るにはやや不足だったので、とにかく「ベルリンへの旅」だけをプレゼントすることにした。

オリンピックは1936年8月1日〜16日に行われることになっていた。3月15日〜21日、デンバー（コロラド州）でオリンピック代表チーム決定戦が行われたとき、夫妻は招待されたので、いつものように連れだって出かけた。しかし、以前から体調が思わしくなかった妻のモードがデンバーに着く前に心臓発作を起こし、オードウェイ（おなじコロラド州）に住んでいた長女マーガレットのもとに運ばれた。さいわい大事には至らなかったが、モードはベルリン行きを断念し、ネイスミスだけが一人でベルリンに旅立つことになった。二人は「2回目のハネムーンにしよう」と楽しみにしていたので、どちらも失意を隠せなかった。

7月10日、次男ジェイムズと次女ヘレンが付き添うモードを残して出発し、ニューヨークから船で旅立った。ネイスミスはカナダ生まれだが両親はスコットランド出身だったので、親戚が住むグラスゴーに立ち寄り、ロンドン、オランダのハーグとベルギーのブリュッセルを経てベルリンに到着した。ところが、ネイスミスは、バスケットボール競技の開始に先立って行われる式典がまったく準備されていないことを知って驚いた。創案者として遠路はるばるアメリカからオリンピック種目として初めて行われるベルリンにやってきたというのに、ネイスミスの名誉を称えるセレモニーはなにひとつ計画されていなかった。それどころか、招待客の名簿から名前が洩れていたので、ゲームを観戦できるのか心配になってきた。

ベルリンの大会組織委員会はバスケットボールに対する意識が低く、新種目ということもあって、あまり準備に手を尽くしていなかった。この事態を知った当時のアマチュア運動連合（Amateur

Athletic Union）の会長であり、新しくIOC委員に就いたA・ブランデージ（第五代IOC会長。厳しいアマチュア主義を貫いたことで知られている）がネイスミスへの非礼を収拾した。ネイスミスに会場の貴賓席が用意された。また、競技開始の8月7日にドイツスポーツ殿堂（Hall of German Sports）で全出場国の入場行進に続くバスケットボール競技の開会式を行うことにした。ネイスミスへの謝辞を印刷したプリントを各国チームの要人に配布し、これに対して、ネイスミスが貴賓席から挨拶し、その後に平和の象徴としてのオリーブの環を贈るという手筈が整えられた。

バスケットボール競技の開会式は、次のように伝えられている。

「それぞれの国旗を先頭に整列した出場21カ国チームを前にして、ネイスミスが挨拶した。さらに、各チームに歩み寄って選手に声をかけ、役員と挨拶を交わした。そのとき、メキシコの〝アラビーボ！〟や日本の〝万歳！〟の歓声とともに歓迎を受けた。各チームの旗手が国旗をちょっと下げる敬礼を行うと、ネイスミスは涙が出てきてたまらなかったという」（B. L. Webb, The Basketball Man James Naismith, 1923）。

ネイスミスは雨天の最悪のコートでのプレーには眉をひそめたが、ルールそのものには好感をもった。その理由は、

▲ベルリン・オリンピックに招待されたネイスミス（右）

1936年の春にアメリカで改正されたルールをよく思っていなかったので、オリンピックで適用されたルールのほうが創案者としては好ましく思っていたからだ。また、カナダに生まれ、アメリカでバスケットボールを考案したので、決勝にアメリカとカナダが残ったことにも満足していた。さらに、出場21カ国チームのコーチングスタッフのうち17名もが発祥の地スプリングフィールドの国際YMCAトレーニングスクールの卒業生だったことに、ネイスミスは大きな誇りを感じたという。

大会期間中のある日、ネイスミスは総統ヒトラー主催の晩餐会に全参加国の役員とともに招待された。そのほかの夕食会や行事にも招かれて出席した。

オリンピックが終了して、ネイスミスはヨーロッパ各地の観光旅行に出かけた。行く先々で歓迎を受け、講演を頼まれたという。結局、14カ国を回った。その帰途、故郷のカナダ・オンタリオ州アルモントに立ち寄り、多くの人たちと再会したが、なぜか、誰にもベルリンからの帰り道であることやオリンピックのことをいっさい話さなかったらしい。そして、1936年9月13日、カンザス州ローレンスの自宅に戻った。

このとき、出発前にプレゼントされたお金がおよそ400ドルほど残っていた。ちょうどそのころ、全米バスケットボールコーチ協会は「バスケットボール殿堂」を建設する計画をスタートさせていた。そのことを聞いたネイスミスはすぐさま手もとの400ドルを寄付した。

こうして、ネイスミスの〝オリンピックへの旅〟は終わった。

# 第11章 世界選手権大会

縫い目が改良されたボール

## ◉男子大会誕生までの経緯

１９４８年7月30日～8月13日、オリンピック・ロンドン大会が開かれた。これに合わせて、8月9～12日、国際バスケットボール連盟（ＦＩＢＡ）は世界総会を開催した。そして、「オリンピックの中間年に世界選手権を行う」ことを決めた。

そして、１９５０年10月22日～11月3日にアルゼンチンのブエノスアイレスで第１回男子世界選手権大会が行われた。このとき、次のことが承認されていた。

(1) オリンピックにおけるベスト3および開催国には、予選抜きで出場権を与える。
(2) 5大陸の優秀な国に出場権を与える。

そこで、第1回大会には開催国アルゼンチン、オリンピック・ロンドン大会でベスト3だったアメリカ、フランス、ブラジルがまず出場権を得た。次いで、第6回アフリカ選手権の結果からエジプト、第14回南米選手権の結果からウルグアイとチリ（ウルグアイが辞退したので、ペルーの繰り上げ出場）が決まった。ヨーロッパからは2カ国が出場権を得ることになっていたが、出場チームは選考特別大会を行って決めることになった。この大会は、ニース（フランス）で1950年1月2～8日に行われた。8カ国が参加し、最終的にはイタリア、スペイン、ユーゴスラビア、ベルギー、スイス、フィンランド、オランダ、オーストリアの順位となった。この結果、イタリアとスペインに出場権が与えられたが、イタリアが辞退したので、第3位のユーゴスラビアが繰り上げ出場となった。

## ◉男子第1回大会

初めての男子世界選手権における第1戦はペルー対ユーゴスラビアで、初得点はユーゴスラビアのN・ポポビッチのフリースローだった。このゲームは33-27でユーゴスラビアが勝った。しかし、ユーゴスラビアはその後のスペインとの対戦を拒否したので、FIBAはユーゴスラビアを最下位とした。さらに、「対戦拒否」をとがめ、世界選手権における初の没収試合とし、ユーゴスラビアに対して9カ月の国際大会出場停止処分を科した。ユーゴスラビアが対戦を拒否した背景には、次のようなことがあった。当時のユーゴスラビアを構成する共和国のひとつクロアチアの民族意識を扇動して、ユーゴスラビア政府へのテロを重ねたファシズム党を率いたアンテ・パベリッチは、友好国ドイツが1945年に降伏すると、オーストリアに亡命した。ユーゴスラビアでの欠席裁判で死刑を宣告されたパベリッチは、イタリア、アルゼンチンを経てスペインへ逃れた。当時のフランコ政権の保護を受け、死去するまでスペインにとどまった。この経緯に反感を抱くユーゴスラビアが、対戦相手のスペインに強い怒りと抗議の意思表示をしたものとみられる。

大会の裏でも不快な話もあった。開催前に起きたウルグアイの出場辞退だ。1946年から就任していたアルゼンチンのペロン大統領は1955年にクーデターで失脚した後、ウルグアイに亡命し、身を隠していたことが発覚した。アルゼンチンの反発に対し、ウルグアイ内のペロンを擁護し支持する人たちは、首都モンテビデオの民間ラジオ放送を通じて「反ペロン派への抵抗」を繰り返し訴えていた。これを黙認するウルグアイ政府に強い反感を抱いたアルゼンチン政府は、ウルグアイのメディア関係者のアルゼンチン入国のビザ発給を拒否するという報復行為に出た。モンテビデオの目の前を流れるラ・プラタ川は対岸のブエノスアイレスとの間の「鉄のカーテン」（かつて社会主義諸国が資本主義諸国に対して作っていた障壁をイギリスのチャーチル首相が皮肉を込めて比喩した言葉）にも等しい状態と化していた。それぐらい、アルゼンチンとウルグアイは政治的に反目し合っていた。そのころ、この川には二つの都市との間を往復する連絡船があった。多くの人たちが行き交い、かなりの混雑ぶりだった。その連絡船を利用して、当時のFIBAの事務総長ジョーンズはアルゼンチンとウルグアイの対立を仲裁しようと2つの都市を往復したが、残念ながら実を結ばなかった。

また、エジプトが31-28（31-26という記録もある）でフランスを破ったことから問題が起きた。明らかな審判ミスがこの「番狂わせ」の原因だったが、状況を正確に再確認するのは（当時はVTRもない時代だったから）不可能だった。フランスの強硬な抗議で、あわや試合放棄かという緊迫した事態となり、ゲームがストップした。

ところで、アジアからはどこの国も出場していない。アジア・バスケットボール連盟が創設されたのは1960年1月だから、まだ、組織がきちんと整っていなかった。このせいか、FIBAに「アジアからラテンアメリカまでは遠いし、費用も相当な額になる」という理由で「出場辞退」がアジアの候補国から届いたという。そこで、ロンドンでの世界総会において「出場チーム数は合計10とする」と決めていたので、アルゼンチンに近い国をということでエクアドルを推薦し、代替出場させた。

決勝ラウンドは上位リーグ（アメリカ、アルゼンチン、チリ、ブラジル、エジプト、フランス）と下位リーグ（ペルー、エクアドル、スペイン、ユーゴスラビア）とに分けて行われた。決勝はアメリカ対アルゼンチンとなり、数千人の観衆が詰めかけ、超満員となった。競技場周辺には入りきれない多くの人々が残っていて、チームと審判が競技場に入るために騎馬警官隊が出動したほどだった。最終日までの観衆の数は合計2万5000人に達したという。さらに、アルゼンチンがアメリカを破って（64-50）初代チャンピオンの座に就いたので、ブエノスアイレス市内は明け方まで歓喜の極に達したファンで騒々しかったという。

競技場となったルナパーク体育館は建物自体がやや古くなりかけていたが、競技運営面の支障はまったくなかった。ただ、エキサイトした観衆から空き瓶や座席の一部をコート内に投げ込まれないように、コートは金網で囲ってあった。そのころ、アメリカンルールでは「コート外にボールが出たときは、その後に最初にボールを保持したプレーヤーのスローインからゲームを再開する」と決められていた。そのため、特にコートの周りは危険とみなされ、コートの周りに金網が張りめぐらされていた。アルゼンチン協会は逆の発想で、コート上のプレーヤーを観衆の危険行為から保護するためにコートの外周に金網を張り巡らした。

ユーゴスラビアがスペインとの対戦を拒否したことはすでに述べたが、このときのユーゴスラビアチームに、B・スタンコビッチというプレーヤーがいた。その後、1976〜2002年の長きにわたってFIBA事務総長を務めた、あのスタンコビッチその人にほかならない。

## ◉男子その後の大会

これまでに開催された世界選手権大会の16回の結果を次ページの表1に示した。

第4回大会は1962年にフィリピンで開催されることになっていた。ところが、大会予定日の直前になってフィリピン政府は当時の社会主義諸国チームに対する入国拒否を決めた。これをめぐってフィリピン国内はバスケットボール協会、政界、スポーツ界、メディアを巻き込んで騒然となった。そして、事実上、世界選手権は棚上げも同然になってしまった。

　ＦＩＢＡは、すべての出場国の入国が保証されない限り、〝ＧＯサイン〟を出せない。だが、なかなか埒《らち》があかない。業を煮やしたＦＩＢＡは開催地の変更を決定し、フィリピンに対して次回大会の出場停止、罰金ＵＳ２０００ドルという処分を下した。そして、翌年の１９６３年に延期し、ブラジルにおいて開催する

**表１　世界選手権大会（男子）の上位４チームと日本の順位**

| 回 | 開催年 | 開催地 | 参加国数 | 1位 | 2位 | 3位 | 4位 | 日本 |
|---|---|---|---|---|---|---|---|---|
| 1 | 1950 | ブエノスアイレス | 10 | アルゼンチン | アメリカ | チリ | ブラジル | — |
| 2 | 1954 | リオデジャネイロ | 12 | アメリカ | ブラジル | フィリピン | フランス | — |
| 3 | 1959 | サンティアゴ | 13 | ブラジル | アメリカ | チリ | CTBA | — |
| 4 | 1963 | リオデジャネイロ | 13 | ブラジル | ユーゴスラビア | ソ連 | アメリカ | 13 |
| 5 | 1967 | モンテビデオ | 13 | ソ連 | ユーゴスラビア | ブラジル | アメリカ | 11 |
| 6 | 1970 | リュブリャナ | 13 | ユーゴスラビア | ブラジル | ソ連 | イタリア | — |
| 7 | 1974 | サンファン | 14 | ソ連 | ユーゴスラビア | アメリカ | キューバ | — |
| 8 | 1978 | マニラ | 14 | ユーゴスラビア | ソ連 | ブラジル | イタリア | — |
| 9 | 1982 | カリ | 13 | ソ連 | アメリカ | ユーゴスラビア | スペイン | — |
| 10 | 1986 | マドリード | 24 | アメリカ | ソ連 | ユーゴスラビア | ブラジル | — |
| 11 | 1990 | ブエノスアイレス | 16 | ユーゴスラビア | ソ連 | アメリカ | プエルトリコ | — |
| 12 | 1994 | トロント/ハミルトン | 16 | アメリカ | ロシア | クロアチア | ギリシャ | — |
| 13 | 1998 | アテネ | 16 | ユーゴスラビア | ロシア | アメリカ | ギリシャ | 14 |
| 14 | 2002 | インディアナポリス | 16 | ユーゴスラビア | アルゼンチン | ドイツ | ニュージーランド | — |
| 15 | 2006 | さいたま他 | 24 | スペイン | ギリシャ | アメリカ | アルゼンチン | 20 |
| 16 | 2010 | イスタンブール他 | 24 | アメリカ | トルコ | リトアニア | セルビア | |
| 17 | 2014 | マドリード | 24 | | | | | |

ことを決めた。

そして、十数年後—。1976年にFIBA会長の選出順番が「アジア」に回ってきて、フィリピンのゴンザロ・G・プヤットが第五代会長に選任された。第4回大会のときのフィリピン協会の「名誉挽回」を期し、また、アジア・バスケットボール連盟の面目をかけて、1978年（10月1～14日）に第8回大会を自国に誘致した。つまり、日本が開催した第15回はアジアゾーンで2回目の大会ということになる。

日本が初めて出場したのは第4回大会だった。このときは、対ペルー戦に70−50で勝ったのみで、参加13チームの中で最下位に終わった。続いて、1967年の第5回大会では、対プエルトリコ戦に86−79（延長戦）、対パラグアイ戦に80−55で勝ったが、参加13チームのうち11位にとどまった。さらに、1998年の第13回大会で3回目の出場を果たしたが、参加16チームのうち14位だった。

2006年日本大会では、予選ラウンドが札幌、仙台、浜松、広島の各市で、決勝ラウンドがさいたま市で行われたが、20位に終わったことは記憶に新しい。

FIBAは2002年のインディアナポリス大会の最中に「次回大会から参加チーム数を16から24に増加する」ことを発表した。いわゆる〝主催者推薦〟—ワイルドカード（アメリカンフットボールや野球などで取り入れているリーグ首位でないチームの中から勝率上位の1ないし数チームがプレーオフに進める制度）—を導入することを決めて、4チーム枠を設けた。日本開催が決定していた2006年大会の前の2005年11月26日にFIBAはローマで開かれた中央理事会で、初の「4チーム」にイタリア、セルビア・モンテネグロ、トルコ、プエルトリコを選んだ。この選考をめぐって、次のようなコメントがインターネットで世界に流れた。

「国際バスケットボール連盟は2005年5月にジュネーブ湖畔のニヨン（スイス）での中央理事会において、曖昧かつフェアとは言えない〝基準〟を作成し、それに基づいて4チームを選考するらしい。この基準は、プロのビッグスポーツ組織と比べると乖離《かいり》している。たとえば、サッカーならワールドカップに直結する実力本位で選ぶ。FIBAが世界のファンに『本大会はまさにサッカーのワールドカップに並ぶほどの高い水準の見ごたえのあるチャンピオンシップだ』と分かってもらいたければ、FIFA方式に倣《なら》うべきだ。FIBAが示している基準は、マーケティングの可能性の大・小と水面下の売り込み工作の強・弱でしかない」。

翻《ひるがえ》って、「チーム数の増加」をFIBAが発表したインディアナポリス大会（2002年8月29日〜9月8日）におけるアメリカは散々だった。このときのチームUSA（補欠のカンザス大学のN・コリソン以外はすべてNBAプレーヤーだった）は、サンフランシスコで8月16日から合宿に入っている。それから13日後に、本番第1戦の対アルジェリアに110－60と楽勝し、この滑り出しを見て誰もがアメリカの優勝は間違いないと予想した。確かにその後、ドイツ、中国、ロシア、ニュージーランドと第5戦までは順調に勝ち続けたのだが、なんと、アルゼンチンにまさかの苦杯を喫した。これで集中が切れたのか、ショックの余韻か、ユーゴスラビアにも負けた。さらに、スペインにも敗れてしまい（76―81）、初めて第6位という苦汁をなめ、誰もが疑わなかった〝地元開催に燃えるUSAの必勝〟があえなく潰《つい》えてしまった。大会前の予想とは裏腹の結果となった。アメリカが2004年のアテネ・オリンピック（3位）、2006年世界選手権日本大会で不本意な戦績（3位）に終わり、2008年の北京オリンピックで金メダルを獲得して復活を遂げるまでの苦しい5年間の歩みの始まりとなってしまった。

## ◉女子第1回大会

1952年のヘルシンキFIBA世界総会（於・ヘルシンキ）のさい、女子世界選手権を翌年の1953年から4年ごとに開催することが承認され、第1回大会をチリのサンチャゴで開催することが決まった。

1953年3月7日、アメリカゾーンから8カ国（アメリカ、アルゼンチン、チリ、ペルー、メキシコ、ブラジル、パラグアイ、キューバ）、ヨーロッパゾーンから2カ国（フランス、スイス）の10カ国が顔を揃えた。会場になったのは3万5000人を収容できる国立競技場の板張りの特設コートだった。切符はほぼ毎日売り切れ、大統領が観戦に来ても、用意された席にたどり着くのが大変という超満員の日もあった。美人プレーヤー揃いのパラグアイやフランスのチームが話題になる一方で、予想を覆す好ゲームが繰り広げられた。たとえば、1～6位決定戦進出をかけたパラグアイとキューバの一戦は43-43の同点でタイムアップとなった。それからの2回の延長戦でも互いに譲らず同点（51-51／59-59）で決着がつかず、3回目でパラグアイがキューバを振り切る（69-59）という大接戦だった。最終順位はアメリカ、チリ、フランス、ブラジル、パラグアイ、アルゼンチン、ペルー、メキシコ、スイス、キューバとなった。

優勝したアメリカは、当時のアマチュア運動連合のチャンピオンだった南部テネシー州のナッシュビル・ビジネスカレッジの7人、それにアイオワ・ウエスレイアン・カレッジの2名を加えたチームだった。決勝ラウンドでブラジルに敗れたが（23-29）、フランス、アルゼンチン、パラグアイを破り、対チリ戦が決勝となった。3万人の観衆が見守るなか、49-36でチリを退けて、初の金メダルを得た。

優勝トロフィーがアメリカ空軍の当時の爆撃機（B-17）の爆弾搭載室のドアよりも大きかったので、チームはテネシー州に持って帰ることができなかったと言われている。

## ◉女子その後の大会

1954年の男子第2回大会を開催して準優勝したブラジルは、その勢いで第2回女子大会も招聘し、1957年10月12日~26日にリオデジャネイロで開催することになった。

しかし、ブラジル女子チームは大会では苦戦が予想された。チーム強化の費用を出してくれるスポンサーも得られず、強化費は思うほど集められず、予選ラウンドの敗退が濃厚で、決勝ラウンドに残れない心配が広がった。そこで、ブラジルは5月末にＦＩＢＡ事務総長のジョーンズをリオデジャネイロに招いて協議した。その結果、参加12チームを4チームごとの3グループに分け、各グループ2位までの6チームと開催国を加えた7チームが決勝ラウンドに進めることにし、1回総当たり戦で順位を決めるという、ブラジルには願ってもない競技方法が決められた。リオデジャネイロで2グループ、ニテロイで残り1グループの予選リーグを行い、決勝リーグにはリオデジャネイロの大きなマラカナン・スタジアムが使われた。大会の注目の的は初参加の当時のソ連だった。すでにヨーロッパを4回制覇しており、リオデジャネイロでは世界制覇を狙っていた。しかし、決勝でアメリカに51-48で敗れた。

第3回大会は、前回で銀メダルを取ったソ連が開催を引き受け、ヨーロッパ初の大会となった。しかし、アメリカは欠場、西ヨーロッパから2カ国だけで、参加は8カ国にとどまった。当時の東西冷戦という国際政治情勢を反映してか、参加国は（結果順に）ソ連、ブルガリア、チェコスロバキア、ユーゴスラビア、ポーランド、ルーマニア、ハンガリー、それに北朝鮮だった。

第4回大会は1964年4月18日~5月4日にペルーで行われた。この大会は初めて4大陸の国が参加した。北アメリカ（アメリカ）、南アメリカ（ペルー、ブラジル、チリ、パラグアイ、アルゼンチン）、ヨーロッパ（ソ連、チェコスロバキア、ブルガリア、フランス、ユーゴスラビア）、アジア（日本、韓国）の13カ国だった。ソ連を除くヨーロッパ勢4カ国チームはブルガリア航空のイリューシン旅客機（ソ連製プロペラ機）をチャーターして、パリ—ラパト（モロッコ）—ダカール

（セネガル）―レシェフ（ブラジル）―アサンシオン（パラグアイ）というルートで南大西洋と南米を飛んでペルーのリマに着くという長距離フライトだった。途中の出発遅れもあったが、赤道越えを体験し、紙吹雪とキャンディーの歓迎をうけ、アサンシオン空港ではパラグアイの大統領一行が挨拶に来たという。

決勝ラウンドのみ首都リマ、予選ラウンドと下位決定戦は他の都市で行われたが、いずれも屋内競技場が使用され、詰めかけた多くの観衆を魅了したのは磨き抜かれた見事なチームプレーの戦いとなったチェコスロバキアとブルガリアの一戦だった。また、アメリカのオールラウンドな個人技の素晴らしさ、ブラジルの独特な熱しやすく冷めやすいチームの雰囲気とプレー、ユーゴスラビアの勝負に賭けるスピリットなど、印象に残るものが多かった。２０３cmのセメノワという長身プレーヤーを擁したソ連が決勝ラウンドを全勝し、ソ連の２大会連続制覇となった。

## ◉大会の歩み

これまでに開催された16回の女子の結果を表2に示した。

こうして上位4強で見ると、女子の場合、アメリカとロシア（ソ連）、チェコスロバキアが古豪、次いでブラジルが二番手、そして、中国、オーストラリア、ヨーロッパ勢などの台頭傾向がうかがえる。

日本は第4回大会に初めて出場した。桂正之監督が率いる三菱電機名古屋が日本代表チームとなった。対戦チームの情報不足のままの初対戦が続き、長身プレーヤーに手を焼いた。グループCの予選リーグでソ連、ブラジル、チリに敗れて、下位決定戦に回った。ここでフランス（65-57）、アルゼンチン（66-49）、パラグアイ（60-52）に勝ち、韓国（61-70）とチリ（48-52）に負けたが、9位になった。初参加の3勝をメディアは「身長差を解決した」と報じられたが、男子と同様に大型化が課題となって残った（日本バスケットボール協会『日本バスケットボール協会50年史』1981）。

第5回大会には初めてナショナルチームで出場した。下馬評を覆す日本の健闘だった。大会に備えたショット力の強化が功を奏したが、連戦の疲労、対戦チー

表2　女子世界選手権大会の上位4チーム

| 回 | 開催年 | 開催国 | 参加国 | 1位 | 2位 | 3位 | 4位 |
|---|---|---|---|---|---|---|---|
| 1 | 1953 | チリ | 10 | アメリカ | チリ | フランス | ブラジル |
| 2 | 1957 | ブラジル | 12 | アメリカ | ソ連 | チェコスロバキア | ブラジル |
| 3 | 1959 | ソ連 | 8 | ソ連 | ブルガリア | チェコスロバキア | ユーゴスラビア |
| 4 | 1964 | ペルー | 13 | ソ連 | ブルガリア | チェコスロバキア | アメリカ |
| 5 | 1967 | チェコスロバキア | 11 | ソ連 | 韓国 | チェコスロバキア | 西ドイツ |
| 6 | 1971 | ブラジル | 13 | ソ連 | チェコスロバキア | ブラジル | 韓国 |
| 7 | 1975 | コロンビア | 13 | ソ連 | 日本 | チェコスロバキア | イタリア |
| 8 | 1979 | 韓国 | 12 | アメリカ | 韓国 | カナダ | オーストラリア |
| 9 | 1983 | ブラジル | 14 | ソ連 | アメリカ | 中国 | 韓国 |
| 10 | 1986 | ソ連 | 16 | アメリカ | ソ連 | カナダ | チェコスロバキア |
| 11 | 1990 | マレーシア | 16 | アメリカ | ユーゴスラビア | キューバ | チェコスロバキア |
| 12 | 1994 | オーストラリア | 16 | ブラジル | 中国 | アメリカ | オーストラリア |
| 13 | 1998 | ドイツ | 16 | アメリカ | ロシア | オーストラリア | ブラジル |
| 14 | 2002 | 中国 | 16 | アメリカ | ロシア | オーストラリア | 韓国 |
| 15 | 2006 | ブラジル | 16 | オーストラリア | ロシア | アメリカ | ブラジル |
| 16 | 2010 | チェコスロバキア | 16 | アメリカ | チェコスロバキア | スペイン | ベラルーシ |

ムの長身プレーヤーの重圧感に押され、準決勝入りの壁を越えることはできなかった。しかし、横山アサ子選手がベスト5の一人に選ばれた。第6回大会は技術、体格ともに修正、アップして臨んだ。優勝したソ連を除くと、上位5チームの実力は伯仲していたので、第5位の日本女子は世界のトップレベルに値すると高く評価された（前掲書）。

日本は表3のような戦績を収めている。1980年以後、今日までの30年間で出場できなかったのは第10回と第15回のわずか2回しかない。

表3　女子世界選手権大会での日本の成績

| 回 | 開催年 | 順位 |
|---|---|---|
| 1 | 1953 | — |
| 2 | 1957 | — |
| 3 | 1959 | — |
| 4 | 1964 | 9 |
| 5 | 1967 | 5 |
| 6 | 1971 | 5 |
| 7 | 1975 | 2 |
| 8 | 1979 | 6 |
| 9 | 1983 | 12 |
| 10 | 1986 | — |
| 11 | 1990 | 12 |
| 12 | 1994 | 12 |
| 13 | 1998 | 9 |
| 14 | 2002 | 13 |
| 15 | 2006 | — |
| 16 | 2010 | 10 |

▲日本が初めてナショナルチームで出場し第５位と健闘した第５回大会

# 第12章 プロバスケットボールの起こり

かなり改善されたボール

## ◉プロチームの出現

バスケットボール誕生の地となった国際ＹＭＣＡトレーニングスクールがアメリカ東部（マサチューセッツ州）にあったせいか、一帯の各ＹＭＣＡのバスケットボールに対する熱の入れようは他の州のＹＭＣＡの比ではなく、会員たちの体育・スポーツ活動のなかでは特別扱いだった。フロアはバスケットボールを優先し、定められた時間以外の使用料も免除されていた。また、多くの人たちがゲームを見に来たので、観覧席（スタンド）を無料開放していた。

ところが、あまりの人気が禍《わざわい》して、他の体育・スポーツ活動に悪影響が生じ始めた。つまり、ゲーム数が増え続けるので、体育館はバスケットボールが独占する状態になってしまい、他の種目の活動は圧迫され、参加会員数も減り始めた。また、バスケットボールにはあまりにもラフプレーが多すぎるという厳しい批判も出始めた。さらに、YMCAが憂慮したのは「ゲームを見に来る人たちが増えすぎた」ことだった。つまるところ、YMCAはもはや手に負えないし、収拾がつかないと判断し、1895年にはいくつかのYMCAが一転して「バスケットボール活動を除外せざるを得ない」という方針を打ち出した。

真っ先に厳しく対応したのは、ニュージャージー州のトレントンYMCAだった。チームは「体育館使用禁止」を通告される前にすでにゲームの予定を立てていた。急にゲームをやる場所が無くなってしまったので、チームは困り、ゲームができそうな場所（たとえばダンスホールとか大勢の人たちが集まる大講堂など）を手当たり次第に当たり、見つかると、借用料を払ってやり始めた。その「トレントン・バスケットボール・チーム」という名称のチームは、州都トレントン市内ウエスト通りのウォーレン・フリーメーソン・ホールの集会所を見つけた。対戦相手はニューヨーク州のYMCAチームだった。しかし、問題が残った。（トレントン・バスケットボール・チームがすでに立て替え払いをしていた）「使用料をどう捻出するか」ということだ。初め両チームのメンバーで「頭割り」という案も出ていた。ゲームは一般の人たちが見に来る。だが、場所は決して広いとは言えない。観客にも迷惑が及ぶラフプレーも起こるかもしれないから柵（仕切り）を置くことにした。そこで、トレントン・バスケットボール・チームは観客に対して、柵外から見せる代わりに〝観戦料〟を払ってもらうことにした。つまり、人びとは金を払えばゲームを観戦できることになった。

1896年11月4日、地元紙に図1のような広告が掲載された。

フリーメーソン・ホールは3階建てで、1階がショッピングセンター、2階は会員用の宿泊施設、3階が天井の高い集会所になっていた。当時の大都市の大きな公共施設はガス灯の所が多かったが、トレントン市内は電線の敷設が終わっており、3階は電灯照明が完備されていた。

さて、当日は700人の観客が集まった。満員だった。結果は16-1でトレントン・バスケットボール・チームが勝った。そこで総観戦料収入からまず集会所借用料を差し引き、その残額からトレントン・バスケットボール・チームはひとり15ドルずつ分配し、キャプテンのF・クーパーだけに16ドルを払った。有料・有給という意味で、この1896年のゲームは「史上初のプロゲーム」となった。YMCAの体育館から追い出されたがためにその費用（場所借用料）を得るというのが理由であって、観客にゲームを見せて「収益を得る」というのではなく、ただ「ゲームをやりたい、楽しみたい」という気持ちから生まれた

**バスケットボール大会開幕**

11月7日（土曜日）

於・フリーメーソン集会ホール

トレントン・ファイブズ

**VS.**

ブルックリン YMCA（ニューヨーク州チャンピオン）

**入場料**

25セント（シート）　15セント（立ち見）

図1　1896年の試合広告

窮余の一策の結果だった。しかし、トレントン・バスケットボール・チームは15〜16ドルの〝出場手当〟を得て、れっきとしたプロチームになってしまった。

## ◉NBLの結成

この話が伝わるや、観客から観戦料を取ってYMCA以外の場所でゲームを行うチームが増えていった。そして、1898年にはそういうチームによってリーグが結成され、「ナショナル・バスケットボール・リーグ」(NBL)と命名された。全チームがニュージャージー州とペンシルバニア州にあり、お互いに100kmほどしか離れていない6チームが加盟したリーグだった。

トレントン・ナショナルズ(ニュージャージー州)(トレントン・バスケットボール・チームが改称)
ミルヴィル(ニュージャージー州)
カムデン・エレクトロニクス(ニュージャージー州)
フィラデルフィア・クローバー・ホイールメン(ペンシルバニア州)
ジャーマンタウン・ナショナルズ(ペンシルバニア州)
ハンコック・アスレティック・アソシエーション(ペンシルバニア州)

しかし、スタートするまでが難航した。たとえば、どのチームも土曜日のホームコート戦を要求したので対戦日程の調整が難渋したのだ。そのために、リーグは1898年8月に立ち上げられたのに、実際のゲームは12月からになってしまった。興味深いことに、このころはコートを横20m、縦11m、高さ3・05mの金網で囲うことになっていた。また、場所によってはガス灯を設置しなければならなかった。「審判の判定に支障を来さないように照明を設けること」というルールがあったからだ。それに、プレーヤーは8名しか出場できなかった。しかもゲームの5日前に名簿に登録されている者に限られていた。

報酬の額の上限はなかった。たとえばトレントン・ナショナルズの場合、ホーム戦1ゲーム当り2・50ドル、アウェー戦が1・25ドルが支給されていたらしい。毎週、ホームとアウェーの両方のゲームが組まれ、いつも10名のプレーヤーが属しており、1週間でひとり37・50ドルくらいは稼いでいたという。審判代はリーグが払い、その金額は1名当たり3ドルくらいだった。

ところが、はやくも運転資金が底をつき、ジャーマンタウン・ナショナルズとハンコック・アスレティック・アソシエーションがシーズン戦20ゲームのうち5～6ゲームを消化した時点の1月にリーグから撤退してしまった。フィラデルフィア・クローバー・ホイールメンも破綻《はたん》を来したがなんとかシーズン戦を乗り切った。しかし、わずか5勝にとどまり、リーグ最下位となった。首位はトレントン・ナショナルズで18勝2敗2分、2位が14勝6敗2分のミルヴィルだった。

## ◉リーグ乱立状態

このNBLが誕生した同じ年にニューヨークでも次のチームによって「ナショナル・リーグ・ニュ

ーヨーク地区」が結成されたが、わずか1カ月で解散してしまった。
ニューヨーク23番街YMCA（ニューヨーク・ワンダーズ）
クック・オール・ニューヨークス
ブルックリン・シグナルコープス
ヨンカーズ州兵第14分隊
ベイ・アスレティック・クラブ
ロングアイランド・フラッシング
もっとも早く結成されたNBLは1898年から5年間存続した。このNBLがスタートした2年目に新たに「インターステイツ・リーグ」が結成された。加わったのはNBLのミルヴィル、フィラデルフィアの4チームにコンショホッケン（ペンシルバニア州）などだった。しかし、ミルヴィルが1900年にNBLに復帰したときに消滅してしまった。1901年には「アメリカン・リーグ」が生まれ、NBLとプレーオフを行った。NBLのトレントン・ナショナルズは初シーズンの1898年、翌年の1899年と2連覇、1900年の3年目は第3位という強豪ぶりだった。
1910年ごろまではチームの所属リーグの〝乗り換え〟は自由で、特定のリーグにずっと所属せず、複数のリーグを渡り歩いたり、無所属の場合もあった。なかでも、1895年以来バッファローYMCA（ニューヨーク州）に所属していたジャーマン（ドイツから移住してきた人々）チームは、1904年に優勝したのを境に無所属のプロチームになった。名称をバッファロー・ジャーマンズと変えて、111連勝を含め連戦連勝し、1920年代半ばには792勝86敗に達した。

## ◉当時のプロリーグの実情

1911〜20年ごろには新たなリーグがいくつか結成されたが、長続きしなかった。しかし、プロプレーヤーの生活は保証されていた。給料がきちんと支払われ、優秀なプレーヤーは稼ぎまくっていた。しかし、引退が近いことが予想されるプレーヤーは少ない額だったという。したがって、プレーヤーのランキングは給料の額を見れば一目瞭然だった。もちろん、今日のNBAのような支払いカットのない複数年契約による何億ドルもの巨額な待遇条件はなかった。そもそも「契約書」自体がなかった。「出場ゲーム数に基づく出来高払い」だったからだ。その代わり、他のリーグへの自由な移籍を容認し、もとの所属チームに復帰、プレーすることも認めていた。そして、アウェーチームはあらかじめ保証金を受け取ったり、なかには賭け金的分配金もあったらしい。

このころのプレーは、観衆が見るにたえないほどのお粗末なレベルではなかったが、審判の未熟さが原因のトラブルが多かった。当時、ルールの解釈をめぐってしょっちゅう揉めていた。また、必ずホームチームに露骨なほどに有利に笛を吹き、逆にアウェーチームには明らかに不利になるように吹

▲当時のあるプロリーグの広告

いた。意地悪い「えこひいき判定」だったので（プレーヤーは〝ホームチーム〟と書いたタッグをユニフォームに付けていたほど）不満が絶えなかった。あるリーグではルールに違反していない（＝許されている）と判定されているプレーが、わずか１００kmほどしか離れていない別の町のコートでは〝もっとも悪質な暴力行為〟と判定されてしまうというのが実情だった。だから、気の合う仲間内で「えこひいき判定」がない審判でゲームをする新しいリーグを結成していった。

さらに、コートなどの問題が尽きなかった。アウェーゲームで出かけて行った先のコートは、すきま風が吹き込みフロアもへこんでいる軍の屋内訓練場で、転ぶことが多かった。あるいは、ツルツル滑って危ないダンスホール、公会堂、集会所も珍しくなかった。当然ながら、もともとこういう施設はバスケットボールをプレーすることは想定されていなかった。

プレーヤーがシーズンごとに年俸制のきちんとした「契約」を結ぶようになったのは、１９２０年代後半になってからのことだとされる。それまではプレーヤーは次々とチームを渡り歩き、リーグができてからもひとつのリーグから他のリーグに移るというのも普通のことだった。ある日、Aチームに入ってBチームと対戦し、翌日にはCチームに移って前日のBチームと対戦―ということは日常茶飯事だった。プレーヤーはより高額のギャラ（報酬）を求めて、有力チームに群がった。額は増える一方だった。やがて、力量、経験年数、観客へのアピール度などを条件として、1ゲーム当たり10～125ドルの範囲で支給されるようになった。１シーズンに２００ゲームも〝お呼び〟がかかる〝売れっ子プレーヤー〟（スーパースター）の収入は相当の額にのぼった。他方、1ゲーム当たり10ドル程度のプレーヤーたちは食べて行くのがやっとの年収だった。1910年の初めのころになると、毎週4～5日、複数のチームで稼ぐプレーヤーの年収は1年で2400ドルぐらいに達した。その当時の労働者の平均年間所得が800ドルだったと言われているので、プロバスケットボールがこのころすでに「魅力ある職業」のひとつになっていたことが推測できる。

しかし、いくら「プロ」とは言っても、今日のNBAとは比べものにならない。スピードはないし、ダンクショットもなかった。パスばかりのプレーが長く、スピーディーな動きは少なく、なかなかショットもしない。とどのつまり、ショットしてもバスケット近くからのレイアップか両手のセットショットだけ—という有り様だった。

体格も段違いで、今日のNBAプレーヤーは1915年ごろと比較すると、ほぼ〝ガリバーと小人〟になってしまう。信じられないが、当時のプロプレーヤーは普通の成人男子並みの身長だったし、スタープレーヤーでも（5フィートをちょっと越えた）153～160cmくらいの者もいたという（R.W.Peterson, Cages To Jump Shots, 1990）。長身プレーヤーがプロバスケットボールの主力になり始めたのは1940年代からのことだとされる。

コートのサイズも違っていた。当時の20m×11mほどの大きさは、今日のNBA規格の3分の2ぐらいしかない。コートの周囲は高さ3～11mぐらいの金網か細い紐で編んだ網（ネット）で囲ってあった。ゴールもバックボードが付いていたり付いていなかったりであった。ボールはもっと異なる。今日のNBAの使用球は（当たり前のことだが）完全な円球だが、当時は不完全な円球で、やや大きかった。しかも、空気を入れる〝へそ〟が付いていたので、その出っ張り部分がショットやドリブルに影響することはしょっちゅうだった。

また、ダブルドリブルが認められていたときがあった。両手で思うように何回でもボールを弾ませることができ、ボールを保持しているプレーヤーが他にパスすることなくずっとキープしていてもよかった。フリースローは〝投げ役〟を指定できた。ファウルされた者が必ずしもフリースローしなくてもよかったからだ。さらに、ファウルにもバイオレーションにもフリースローが与えられていたときがあった。ゲーム時間も今日のNBAの12分クォーターよりも短く、40分そこそこだった。コートの外周が金網などで囲んであったので、アウトオブバウンズからのプレーが少ない。だから、1ゲームの所要時間はいつも1時間ほどだった。さらに、24秒ルール、10秒ルールも3秒ルールもなかったので、オフェンスは消極的になるときがあった。

▲周囲を網で囲った初期のコート

数分かけてじっくりパスして、ドリブルでさらにボールをつなぎ、ゴール下のノーマークができるまで待つか、ポイントゲッターに絶好のショットチャンスができるまで待つのが普通の攻め方だった。だから、スコアは14－7とか23－21と少なかった。スコアは1930年代になっても30点、40点程度だった。

## ◉BAAの結成

リーグの消長は目まぐるしかったが、1898年～1923年の間に次のようなリーグが生まれては消え、消えては生まれた。

1898～1904年　ナショナル・バスケットボール・リーグ
1902～1905年　ニューイングランド・リーグ
1902～1903年　セントラル・マサチューセッツ・リーグ
1903～1909年　フィラデルフィア・リーグ

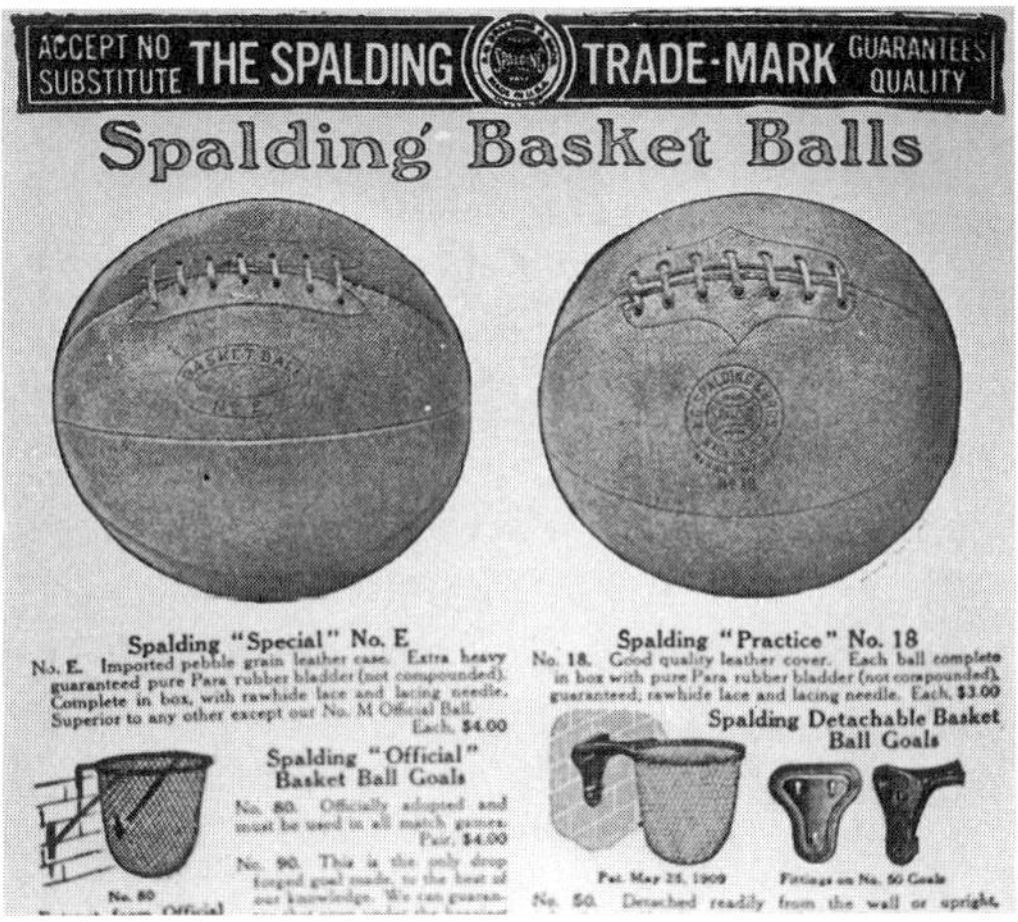

▲当時のボールなどの広告

１９０３〜１９０４年　セントラル・リーグ
１９０９〜１９２３年　イースタン・リーグ
１９０９〜１９１２年　ハドソンリバー・リーグ
１９１１〜１９１５年　ニューヨーク州リーグ
１９１４〜１９２１年　ペンシルバニア州リーグ
１９１５〜１９１７年　インターステイツ・リーグ
１９１７〜１９１８年　コネティカット州リーグ

残念ながら全米の耳目を集めるには程遠く、シーズンに入っても各地のメディアは報道することは少なかった。定期的に報道されるようになったのは１９２０年代半ばになってからだった。しかし、記事はわずか数行だった。

また、リーグ自体も〝ファン離れ〟が目に見えるようになると、さっさとフランチャイズを変え、プレーヤーもリーグ内の「移籍規定」が定められていなかったので、より高い給料を払ってくれるチームに移っていった。

第二次世界大戦に出征していた優秀なプレーヤーたちが帰還して、１９４６年の夏のレギュラーシーズンに入る前のバスケットボール界は、プロプレーヤー候補があふれていた。と同時に、社会は戦時措置が解かれて再び趣味・娯楽に時間とお金を使うようになった。そのころの主だったプロリーグは中西部のチームだけが加盟しているＮＢＬ（National Basketball League）と週末だけゲームを行う東部のＡＢＬ（American Basketball League）しかなく、全米規模のリーグはなかった。だから、ファンの関心はもっぱら大学のバスケットボールに向いていた。ホーム&アウェー方式で、両大学のキャンパス内の体育館で行われ、応援するチームの大学の所在地の町は沸いた。

そのころ、大きな屋内競技場でやる人気プロスポーツはアイスホッケーだった。しかし、チームがアウェー戦で地元を離れているとき、競技場は閉鎖状態だった。唯一の例外はすでに大学のバスケットボールで使用されていたニューヨークのマジソンスクェアガーデンだった。全米各地で大きな競技場を使うアイススケートショーもあったが、そこでの興業はせいぜい数週間で、シーズン中にコンスタントに使うプロのイベントはなかった。これに目を付けた競技場の経営者たちとプロアイスホッケーチームのオーナーたちが「競技場を使わないで閉めておくのはもったいない」と話し合い、新しいイベントを探し始めた。そこに、スポーツ誌（New York Journal-American）編集長のＭ・ケイスが全米各地にフランチャイズを置く新しいプロバスケットボールのリーグ構想を提案した。これが受け入れられて、１９４６年６月６日にニューヨークで具体案を協議した。その結果、次のようなことが決まった。

①名称はＢＡＡ（Basketball Association of America）とする。

②ＮＢＬはチーム名にスポンサーや所属企業の名称を用いているが、ＢＡＡではフランチャイズの都市名を使う。

③ＢＡＡ加盟費は１０００ドルとする。

④　1チームのプレーヤー数は10名、上限報酬額は4万ドルとする（実際はリーグがスタートするときまでに12名、5万5000ドルに変更）。
⑤　加盟チームは次の11チームとする（括弧内はホームコート）。
・ボストン・セルティックス（ボストン・ガーデン）
・シカゴ・ステイジ（シカゴ・スタジアム）
・クリーブランド・レベルズ（クリーブランド・アリーナ）
・デトロイト・ファルコンズ（デトロイト・オリンピアンズ）
・ニューヨーク・ボッカーズ（マジソンスクエアガーデン）
・フィラデルフィア・ウォリアーズ（フィラデルフィア・アリーナ）
・ピッツバーグ・アイアンメン（デュケンス・ガーデン）
・プロビデンス・スティームローラーズ（シティ・アリーナ）
・セントルイス・ボンバーズ（セントルイス・アリーナ）
・トロント・ハスキーズ（メープルリーフ・ガーデン）
・ワシントン・キャピトルズ（ユーライン・アリーナ）

しかし、この11チームはプロアイスホッケーチームのオーナーばかりで、バスケットボールに関してはまさに〝素人経営者〟だった。ともあれ、初代コミッショナーには、プレー経験のまったくない弁護士で銀行家でもあるロシア生まれのモーリス・ポドロフが就いた。彼は10月3日に初シーズンの準備を完了すべく、チームの代表者会議をニューヨークで開催した。そして、こういうことを申し合わせた。

①競技時間は、NBLと学生の競技時間よりも合計8分長い12分クォーター制とする。

②チームはプレーヤーとの契約に関する規制を受けない。（アフリカンアメリカン＝黒人プレーヤーを排斥することを示唆するものだったので、最初のシーズンに黒人プレーヤーと契約したチームはなかった）。

③11チームをイースタン・ディビジョンとウエスタン・ディビジョンに分ける（表1）。

④レギュラーシーズンの公式戦は60ゲームとする（NBLよりも16ゲーム多かった）。

⑤公開練習ゲームは行わない。

そして、1946年11月1日にトロントにおいて、ニューヨーク・ニッカーボッカーズとトロント・ハスキーズの対戦で開幕した。トスアップの前にバグパイプによるカナダ国歌の演奏があった。結果は68－66でニッカーボッカーズが僅差で勝った。ホームチームのハスキー

表1　プロリーグBAAのディビジョン

| イースタン・ディビジョン | ウエスタン・ディヴィジョン |
|---|---|
| ワシントン | シカゴ |
| フィラデルフィア | セントルイス |
| ニューヨーク | クリーブランド |
| プロビデンス | デトロイト |
| トロント | ピッツバーグ |
| ボストン | |

ズは「身長185cm（プレーヤーのジョージ・ノストランド）よりも背の高い観客は無料」というファンサービスを行った。

トロントでゲームが行われるまでには、こういう話もあった。

アメリカから来たニューヨーク・ニッカーボッカーズがカナダの税関を通るとき、係官が12名の大男たちに目をやりながら、いぶかしげに「カナダに来て、一体、何をやるのかい？」と尋ねた。そこで、ヘッドコーチのN・コハランがひとこと「俺たちはニューヨーク・ニッカーボッカーズだ」と答えた。そうしたら、その係官が「そんな名前は聞いたことがないな。おれたちカナダ人が知っているのはニューヨーク・レンジャーズだ。似たようなものかい？」と尋ねた。それを聞いたコハランはたまりかねて、「やつらがやるのはアイスホッケーだ。俺たちがやるのはバスケットボールなんだ！」と声を荒げて言い返したという。

当時、カナダではアイスホッケーが人気スポーツで、ましてプロスポーツとしては「バスケットボール」と聞いて、とっさに人気チームを思い浮かべるほど人々に浸透していなかったことを物語っている。

また、飛行機による移動が普通の今日と違い、チームの移動にはもっぱら列車を使用していた。カナダとアメリカとの行き来は大変だった。

「乗り継ぎのためにナイアガラの滝のアメリカ側のバッファローまでの144kmを3、4台のタクシーに分乗して移動したとき、天気が悪くてバッファローから出る列車に乗り遅れた。次の日の夜、ロードアイランド州のプロビデンスでゲームが組まれていた。次の列車では間に合わない。そこで、プロビデンスまでタクシーを飛ばし、ずいぶんと高い移動費となった。しかし、チームがゲームをキャンセルしたときは、高額のペナルティを課されるので、そうでもして移動せざるを得なかった」。

果たして、トロント・ハスキーズの初年度シーズンは最下位だった。地元ファンには思ったほどアピールしなかったようだ。つまり、トロントはバスケットボールタウンではなかった。人気スポーツはアイスホッケーだ。それとアメリカ中西部から進出してきたプロレスリングだった。どちらも会場のメープルリーフ・ガーデンが超満員になる。バスケットボールとは比べものにならなかった。

加盟11チームのうち10チームがアイスホッケー用のリンクが作られたコートを使っていた。当時の製氷法は今日とは大違いだったので、バスケットボールの後にアイスホッケーのゲームがあるときは、あらかじめ凍らせた氷の上に板張りの特設コートを設営していた。観客がスタンドに入り始めると、当然、アリーナ内の温度は上がる。そうすると、氷が溶け始めて、コートに水がしみ出してフロアに水たまりができた。だから、審判が笛を吹くとそこに足をとられて滑り、一度に8人ものプレーヤーが転倒することもあった。

また、シーズンが滑り出してから1カ月を経過した時点で、M・ポドロフはチームオーナー会議を開いた。そして、観客数を増やそうと「一晩に2ゲームのダブルヘッダー方式」や「競技時間を

15分クォーター制に変更する」という決定を伝えた。

さらに、NBLのチームと同じホームタウンでの競合問題も生じた。しかし、ポドロフはコミッショナーとしてBAAを積極的にリードした。その興業結果は表2のようになった。

## ◉NBAの誕生

しかし、初年度シーズンを終えて採算などの問題が残ったチームもあった。さっそく、クリーブランド、デトロイト、ピッツバーグ、トロントの4チームが撤退を表明した。その一方で、BAAコミッショナーとしてM・ポドロフはNBLコミッショナーのW・ランバートと協議して、次のような注目すべき合意に達した。

① プレーヤーには契約するリーグの選択権を与える。

② 学生プレーヤーを対象とした両リーグ合同のドラフトを実施する。

表2　BAA各チームの興業成績

●観客数（人）

| | 有料 | 無料招待 | 合計 | 収益（$） |
|---|---|---|---|---|
| ボストン | 50,454 | 44,541 | 94,995 | 57,875 |
| ニューヨーク | 103,703 | 25,626 | 129,329 | 204,043 |
| ファイラデルフィア | 128,950 | 5,882 | 134,832 | 191,117 |
| プロビデンス | 77,883 | 3,828 | 81,711 | 117,740 |
| トロント | 64,050 | 10,816 | 74,872 | 43,590 |
| ワシントン | 65,693 | 7,734 | 73,427 | 98,901 |
| シカゴ | 70,474 | 83,952 | 154,426 | 93,951 |
| クリーブランド | 67,778 | — | 67,778 | 64,638 |
| デトロイト | 37,195 | 25,690 | 62,885 | 48,236 |
| ピッツバーグ | 40,970 | 9,958 | 50,926 | 56,005 |
| セントルイス | 93,601 | 21,286 | 114,887 | 113,808 |
| 【合計】 | 800,757 | 239,311 | 1,040,068 | 1,089,949 |

③ 両リーグ間でプレーヤーをトレードするときの規定を設ける。
④ 両リーグのチャンピオンチームによる〝ワールドシリーズ〟を行う。

これがきっかけとなってBAAとNBLが接近し始め、ついに1949年8月3日にNBLの7チームがBAAと合併する形でNBA（National Basketball Association）が結成された。そして、BAAのM・ポドロフが初代会長に、NBLのI・W・ダッフィーがオーナー会議のチェアマンに就任した。

それから17チームを、イースタン・ディビジョン（6チーム）、セントラル・ディビジョン（5チーム）、ウエスタン・ディビジョン（6チーム）に分けた（表3）。

しかし、チームの移動は列車だから、競技日程と移動スケジュールとの調整が困難を極め、結局、すべてのチームのゲーム数を揃えることができず、3チームが62、4チームが64、10チームが68となってしまった。

そういう状況のもと、初代NBAの覇者となったのは、セントラル・ディビジョンを51勝17敗で勝ち抜いたミネアポリス・レイカーズだった。プレーオフではイースタン・ディビジョン首位（51勝13敗）のシラキュース・ナショナルズを4勝2敗で破った。

表3　NBA 3つのディビジョンと所属チーム

| イースタン・ディビジョン | セントラル・ディビジョン | ウエスタン・ディビジョン |
|---|---|---|
| シラキュース・ナショナルズ | ミネアポリス・レイカーズ | インディアナポリス・ジェッツ |
| ニューヨーク・ニッカーボッカーズ | ロチェスター・ロイヤルズ | アンダーソン・パッカーズ |
| ワシントン・キャピトルズ | フォートウエイン・ピストンズ | トライシティーズ・ブラックホークス |
| フィラデルフィア・ウオリアーズ | シカゴ・スタッグズ | シェボイガン・レッドスキンズ |
| ボルチモア・ブレッツ | セントルイス・ボムマーズ | ウォータールー・ホークス |
| ボストン・セルティクス | | デンバー・ナゲッツ |

## ◉黒人とバスケットボール

バスケットボールが1891年に初めてプレーされたとき、黒人（現在は「アフリカン・アメリカン」という呼称が一般的になっている）プレーヤーはひとりもいなかった。どこの誰が最初の黒人プレーヤーとなったのか、「正確な記録がない」とされている（Young, D.A.S.: Negro Firsts in Sports, 1963）。

1898年までにプロリーグが結成されていたが、アメリカではスポーツ界でも黒人の排斥があった。加盟チームは「プレーヤーは白人に限る」とされ、黒人チームは差別されていた。にもかかわらず、黒人たちのバスケットボールへの情熱は冷めることなく、1910年ごろまでにさらにチームが生まれ、ニューヨーク、ニュージャージー、ペンシルバニアの各州、それに首都ワシントンDCでアマチュアの黒人リーグが結成された。人種隔離政策により公共施設を自由に使用することが禁止されており、たとえば、ペンシルバニア州のピッツバーグでは市立体育館の使用は毎週2晩、それも1回2時間以内と制限されていた。それでも、1914年の第一次世界大戦開戦までのピッツバーグの黒人スポーツではバスケットボールがもっとも人気があった。しかし、1918年以降、野球とフットボールに人気を奪われ、バスケットボールの人気は後退していった。その結果、黒人チームの〝舞台〟はピッツバーグからニューヨークに移った。

1919年、第一次世界大戦の終戦の翌年にニューヨークでスパルタン・ブレーブズという名称の黒人チームが結成された。1922年にチームの2名のプレーヤーが報酬を受け取っていたことがめられたので、プロチームに変わった。同時に、ニューヨークのナイトクラブのルネサンス・カジノのダンスホールを練習とゲームで使うことを条件にニューヨーク・ルネサンスと名称を変更した。オーナー兼ヘッドコーチが黒人で、プレーヤーとは個々に契約を交わし、報酬の保証制度を設けていた点が他の黒人プロチームと異なっていた。チームは順調に戦績を伸ばし、1927年ごろには当時の白人プロリーグのアメリカン・バスケットボール・リーグ（ABL）加盟チームを破り始めたほどだった。

1929年10月24日、ニューヨークのウォール街に衝撃をもたらした株価の大暴落が世界的大恐慌を引き起こした。余波はすぐにニューヨーク・ルネサンスにも及び、地方遠征を余儀なくされた。おもに東部や中西部を回ったが、時には南部にも足を伸ばした。東部や中西部では対戦相手チームが白人でも黒人でも問題は起きなかったが、南部では「異人種チームとの対戦禁止」という人種差別規定に阻まれた。皮膚の色が同じではないという理由だけで白人プロリーグへの加盟は許されなかった。

そういう状況下、プレーヤーに払う報酬を確保するためにゲームは毎日のように行われ、土曜日はダブルヘッダーも珍しくなかった。ニューヨーク・ルネサンスがコートとして使用していたルネサンス・カジノのダンスホールは、およそ18m×11mほどの広さで滑りやすい板張りだった。ゲームのときはコートの周囲に木の柵が置かれた。ニューヨークのどこのナイトクラブも音楽とダンスを楽しめる場所だったが、1900年代に入ってから次第にスポーツの出し物を〝ショータイム〟で見せるようになった。第一次世界大戦後にはそれがすっかりお馴染になった。たとえば、デューク・エリントンのバンド演奏でダンスを楽しみ、〝余興〟としてバスケットボールのゲームが見られる──という具合だった。どのナイトクラブもダンスを楽しみに来る客のためにふつう午後7時か8時ころから開けていた。9時になると、いったんダンスタイムを中断し、フロアを片づけてコートサイドに椅子を並べ、木の柵も置き、ゴールスタンドが両端に設置され、ゲームが行われた。終わると、フロアをもとに戻してまた音楽とダンスが始まった。

ニューヨーク・ルネサンスが地方遠征に出るときは1日3ドルの食費がプレーヤーに支給され、幸運にも黒人を泊めてくれるホテルが見つかったときは同行しているオーナー兼ヘッドコーチが宿泊代を支払った。ゲームが開催される町のホテルに泊まろうとしても黒人であることを理由に拒否され、〝ねぐら〟を求めて夜の街を長時間さまようことも時々あった。だから、南部や中西部ではプレーヤーはめいめいが黒人の〝つて〟で宿泊を頼みこむことも珍しくなかった。レストランも同様だった。黒人であることを理由に断られて、町の食料品店で食べ物を買い込み、その日の宿泊場所に持ち帰って食べたという。また、レストランによっては黒人が白人と同様にテーブルで食事することを拒否するところもあり、注文した料理を紙袋に入れてもらい、宿泊先に持ち帰り、すっかり冷めきって味も落ちてしまったのを我慢して食べることもあった。そればかりか、白人チームと対戦すると、明らかにファウルを意図的にコールされて、ゲーム展開が急に変わることもあった。

白人チームには甘いコールが多く、見え見えの嫌がらせを受けた。このころのプレーヤーの報酬は月額で125～250ドルだったが、シーズンオフにはアルバイトで生活費を稼がなくてはならなかった。

プロチームによる全米選手権は1939年にシカゴで始められ、1949年までの10年間続けられた。毎年、12～16の優秀なチームが2万人を超える観衆の前で熱戦を繰り広げた。白人のプロリーグのチャンピオン、黒人の単独チーム、それに主催者が選考して出場を認めた有力チームも時には含まれていた。前述したニューヨーク・ルネサンスは、1939年の第1回大会で白人リーグのナショナル・バスケットボール・リーグ（NBA）のチャンピオンを決勝で降し、34－25で優勝している。ニューヨーク・ルネサンスは1941年に3位、1942年に準々決勝に残っている。しかし、1943年に第二次世界大戦のために活動を大幅に縮小した。これがチームの凋落の始まりとなり、1948年にはついにチームの名前が消えた。

大学における黒人学生のバスケットボールは1909年か1910年にバージニア州のハンプトン大学でプレーされたのが最初だとされる。これにリンカーン大学（ミズーリ州）、ウイルバーフォース大学（オハイオ州）などが続いた。その一方でこういう事情も指摘されていた。「ミズーリ州セントルイスや黒人の大学がある町は例外だが、1910年までの南部諸州のほとんどの黒人地域社会では、残念ながらバスケットボールはプレーされていなかった。一年を通じて温暖な気候の南部では、〝冬季スポーツ〟としてのバスケットボールはさほど受けなかったようだ。だからか、目ぼしい体育館はなかったし、用器具もお粗末だった。まして、コーチできる者も少なく、スポーツ用具を販売するA・G・スポルディング社が刊行しているオフィシャル・ガイド・ブックが唯一の頼りだった」。

このころ、どの黒人の大学にも「スポーツ選手奨学金」はなかったし、白人のプロチームはまだ学生バスケットボールにさほど関心を払っていなかった。さらに、1930年代に入っても、黒人の大学バスケットボールには次のような問題があった。

①バスケットボール専用の体育館を建設する予算を計上できる大学は少なかった。
②ストーリング戦法（相手チームに反撃のチャンスを与えないように、味方が意図的にパスやドリブルでボールをキープし続けて、時間稼ぎをする）の使用に対する罰則がなかったので得点が少なく、ゲームが面白くなかった。
③それが原因となって、地区大学リーグ（カンファレンス）の維持が次第に困難になった。
④バスケットボールには野球やフットボールのような〝伝統〟がなかった。野球には「復活祭の翌日のゲーム」、フットボールには「感謝祭の日のゲーム」が毎年のイベントとして庶民の

▲スポルディング社のオフィシャル・ガイド・ブック（1898年）

生活に根づいている。だが、バスケットボールにはそういう〝目玉〟がない。だから、観衆が思うように集まらなかった。

しかし、1936年ごろからダコタ大学（ノースダコタ州）、ボストン大学（マサチューセッツ州）、デトロイト大学（ミシガン州）などの白人学生だけの大学が、黒人の学生プレーヤーを入学させ始めた。さらに、ロングアイランド大学（ニューヨーク州）、シラキュース大学（ニューヨーク州）、カリフォルニア大ロサンゼルス校（UCLA）、ブルックリン大学（ニューヨーク州）、コロンビア大学（ニューヨーク州）、エール大学（コネティカット州）、ニューヨーク市立大学、アイオワ大学（アイオワ州）、オレゴン大学（オレゴン州）、プリンストン大学（ニュージャージー州）なども黒人学生に門戸を開いた。これらの大学の所在州が東西南北にまたがっていることは、全米の多くの大学が黒人の学生を入学させるようになったと推測できる。しかし、依然として、クラブチームやプロチームの黒人プレーヤーの卓抜さが知れ渡っていくのとは裏腹に、大学では黒人学生プレーヤーはなかなか受け入れられなかった。コーチたちはとくに南部諸州に遠征するときに彼らの宿泊をめぐるトラブルに巻き込まれるのをいやがった。だから、時には黒人学生プレーヤーは大学に残されて、遠征には参加しないことがあった。

やがて、1949年に白人プロリーグのナショナル・バスケットボール・リーグ（NBL）とアメリカ・バスケットボール協会（BAA）の二者が統合し、今日のNBAとして新たに発足することになった。プロリーグはもともと黒人学生プレーヤーをあまり評価していなかったが、NBAという新組織になってチームの競合の度合が一変した。各チームは観衆をより魅了できるプレーヤーの獲得に奔走するようになった。とうてい白人プレーヤーだけで賄いきれるわけがない。いやおうなしに黒人学生プレーヤーにも注目せざるを得なくなり、〝人種の違い〟による黒人プレーヤーへの偏見、敬遠、逡巡に固執していられなくなった。これがNBAに黒人プレーヤーが進出する契機となった。

その結果、1950年に黒人プレーヤーをめぐる転機が訪れた。まず、ペンシルバニア州のデュケイン大学のC・H・クーパーがボストン・セルティクスからドラフト指名（2巡目）されて、黒人初のNBAドラフトプレーヤーとなった。次いで、N・クリフトン（ルイジアナ州のザビエル大学出身）もNBAのニューヨーク・ニッカーボッカーズ（ニックス）から誘われ、契約を交わした。その後、黒人初の契約プレーヤーとして、1950-51年度シーズンだけだったが活躍した。さらに、ウエストバージニア州立大学出身のE・ロイドがワシントン・キャピトルズにドラフト指名（9巡目）されて、チーム入りした。同年10月31日に行われた対ロチェスター・ロイヤルズ戦に出場し、NBAゲームで実質的にプレーした最初の黒人プレーヤーとなった。

E・ロイドは、野球の大リーグのパイオニアであるジャッキー・ロビンソン（1947年に「肌の色の違い」を初めて越え、ブルックリン・ドジャースに入団し、優れた業績を残した初の黒人プレーヤー）ほどよく知られていない。その理由は、ロビンソンはたった〝独り〟で大リーグに飛び込

▲伝説的黒人の名プレーヤーW. チェンバレンとB. ラッセル（Photo of The Pictorial History of Basketball）

んだが、E・ロイド、N・クリフトン、C・H・クーパーがNBA入りしたのは、その後の1950年度シーズンであり、しかも3人がほぼ同じ時期にゲームに出たこと、また、ロビンソンはデビューしたシーズンに新人王を受賞する活躍で大リーグでは名前が知られていたので、NBAに黒人プレーヤーが登場したのはそう違和感なく受け止められ、話題性として低かったことなどとされる。

しかし、実態は厳しかった。あるゲームで勝った後、ロイドが仲間の白人プレーヤーとともにフロアからロッカールームに戻るとき、ファンから唾を吐きかけられた。それはロイドではなく、その白人プレーヤーに対してのものだった。ファンは黒人プレーヤーのロイドと（勝った喜びで）腕を組んでいる白人プレーヤーが気に入らなかったのだ。また、ロイドは夕食をチームの白人プレーヤーと食べるのをレストランで拒否されたことがあった。仕方なく自分の部屋に戻って食べることになった。そのとき、コーチがロイドの部屋に行き、二人で食べたという。そういう〝気配り〟はロイドをずいぶん勇気づけた。ロイドは1993年にバージニア州スポーツ殿堂入り、2003年にはネイスミス記念バスケットボール殿堂入りも果たした。

黒人プレーヤーのNBAにおける活躍で注目すべきことは、「それまでのNBAゲームを一変させた」ということではないかとされる。すなわち、黒人プレーヤーは長らく白人たちが作りあげてきたバスケットボールとはまったくかけ離れたところでプレーしてきたので、白人プレーヤーの伝統的なスタイルとは違っていた。人種差別の時代、バスケットボールは黒人社会の中で、BAAのような初期の白人プロリーグで昔から行われていたスタイルとは異なる（まったく独自の）バスケットボールを育んでいた。黒人プレーヤーは白人リーグに入れなかったので、大学時代に覚え込んだプレーをやっていた。ところが、そういうプレーのほうが〝効き目〟が大きく、走ってよし、投げてよし、まさに縦横無尽のプレーだった。また、プレーの向上には観衆の影響も大きかった。たとえば、華やかで目立ちたがるようなオフェンスは、白人リーグでは悪いスポーツマンシップの露呈とみなされていた。ところが、黒人プレーヤーの一見派手だが、見ていて面白さが尽きないプレーは観衆が求めているものと一致した。観衆は悪いスポーツマンシップとは受けとめないで、プレーヤーの持ち味の発揮と受けとめ、好感を抱いて迎え入れた。

いまや伝説的な存在だが、すべて黒人プレーヤーで編成したかつてのニューヨーク・ルネサンスなどの傑出したプレーに触発されて、いわゆる黒人特有のバスケットボール（スピード、瞬発力、信じられないほど器用なボールハンドリングなどを特徴としたスタイル）を次第にどこのチームも取り込み始めた。当然、コーチングにもさまざまな変化が生じた。しかし、ファンが好むのはゾクゾクするほどの面白さである。だから、1954-55年度シーズンから導入された24秒ルールは、それまで観衆が閉口していたスローテンポなスピード感がないゲームを大きく変えた。そして、黒人プレーヤーが次々と妙技を繰り広げる、飽きることがないゲーム展開に観衆はすっかり魅了された。

白人リーグのオーナーたちは黒人プレーヤーを使うことによるファン離れを恐れたが、杞憂に終わった。NBAは黒人プレーヤーの存在を得てから隆盛の一途をたどり、グローバルスポーツに成長した。
表4にNBAにおける黒人プレーヤーの割合を示した。2003-04年度からの黒人の数は300人を越えて、全体の70%強、まもなく80%にも達しそうな傾向にある。2000-01年度以前を見ても、全体の70~80%強を推移しており、もはや黒人プレーヤーの存在抜きにNBAは語れなくなっている。

表4　NBAにおける黒人プレーヤーの割合

| | % | 人数 |
|---|---|---|
| 2009-10 | | |
| 白人 | 18 | 81 |
| 黒人 | 77 | 329 |
| 2006-07 | | |
| 白人 | 21 | 91 |
| 黒人 | 75 | 330 |
| 2003-04 | | |
| 白人 | 22 | 91 |
| 黒人 | 76 | 311 |
| 2000-01 | | |
| 白人 | 21 | - |
| 黒人 | 78 | - |
| 1996-97 | | |
| 白人 | 20 | - |
| 黒人 | 79 | - |
| 1989-90 | | |
| 白人 | 25 | - |
| 黒人 | 75 | - |

# 第13章 女子バスケットボールの誕生

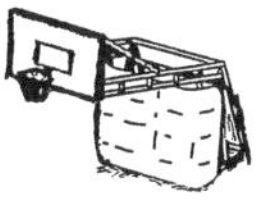
ゴールと支柱

## ◉国際YMCAトレーニングスクールから

すでに述べたようにバスケットボールは1891年にマサチューセッツ州スプリングフィールドの当時の国際YMCAトレーニングスクールで始められた。季節は雪が積もっている冬。毎日のようにに体育館で学生たちがそれまで見たことがない〝バスケット・ボール〟と呼ばれるゲームをやっている。たちまちのうちに校内で話題になった。そして、いつの間にか、タイピストや秘書の女性職員、それに教員の夫人たちも加わって、体育館でショットに興ずるようになった。そのなかに、ひときわ巧みなタイピストがいた。のちにネイスミスの妻となるモード・E・シャーマンである。言うまでもなく、彼女たちに手ほどきしたのは創案者であり教員のネイスミスだった。

1892年の3月に学生たちのゲームが行われたとき、女性たちも観戦しており、この次は女子戦をやってみようという話が持ち上がった。そこで、タイピストなどの職員が中心となってチームをつくり、教員の夫人たちにも参加が呼びかけられた。女子バスケットボールの最初の歩みも、国際YMCAトレーニングスクールから始まった。

当時、国際YMCAトレーニングスクールの真向かいにバッキンガム小学校があった。毎日のように昼休みごろになると国際YMCAトレーニングスクールから歓声が聞こえてくる。「何をやっているの?」と興味をいだいた女性教師たちが外からも中に入れるトレーニングスクールの体育館のバルコニーから見下ろすと、学生たちがこれまでに見たこともないゲームをやっている。面白いので、毎日のように見に行くようになった。そして、ある日のこと、ひと目で担当教師と分かるネイスミスに「あのう、私たちにも一度やらせていただけません?」と声をかけると、「どうぞ、どうぞ」とフロアに降りて来るように勧めた。教師たちは手に手にボールをもち、思い思いにゴールに向かって投げ始めたという。それ以来、昼休み時に彼女たちがシューティングに興ずるのを見かけるようになった。〝女子バスケットボール第2号〟は小学校の教師たちだった。

1893年の初めのことだ。エール大学で体育・スポーツの研修会が開かれ、ネイスミスがバスケットボールを紹介した。受講者のなかにスミス大(スプリングフィールドにほど近いノーサンプトンにある女子大）のS・ベレンソンという女性体育教師がいた。授業で学生たちにもやらせてみたいと考えていたので、ネイスミスが始めた〝新しいゲーム〟に強い関心をもっていた。だから、ネイスミスに「女子がプレーする場合」について質問し、いろいろアドバイスをもらって大学に戻った。そして、1893年3月22日に学内で1年生と2年生との初の学年対抗戦が実現した。ネイスミスによれば、当日はこういうことだったらしい。

「…その日の学生たちは、ベレンソンから指示されて、（フロアまで届くスカートの長いすそが足にまとわりつくので危ないからと）スカートを脱ぎ、ブルマース姿だったので、男性の観戦は許されなかった」。

そして、激しくボールを奪い合うゲームの最中に不測の事態が起きないように、また、好奇な眼で評されることがないようにと、学長（L・C・スィーリー）以外の男性は立ち入り禁止とされ、体育館の入り口には鍵がかけられたという。

この日を境にスミス大ではバスケットボールの人気が一気に高まり、学内対抗スポーツ種目として定着した。1894年の1

▲「女子バスケットボールの母」S.ベレンソン

年生と2年生との対戦を当時の新聞が次のように伝えている。

「およそ1000人もの学生が体育館のなかを埋め尽くした。片側には緑の幕が張りめぐらされ、もう片側はうす紫やふじ色の旗で飾られていた。チームカラーの大きなリボンが両チームのゴールに結びつけられていた。1年生は〃ロング・ロング・アゴー〃(1844年にヒットしたイギリスからのフォークソング)の大合唱で応援し、対する2年生も〃ホールド・ザ・フォート〃(1870年、南北戦争の実話をもとにP・P・ブリスが作詞作曲)を歌って応援を繰り広げた」。

## ◉各地への普及

やがて、スミス大のバスケットボールの様子が全米の多くの大学に伝わっていき、女子学生

▲当時のスミス大のゲーム

の新しい種目として採用されていった。体育の授業だけではなく、他大学と対戦するチームを結成する大学も増えていった。それを物語るかのように、1896年4月4日にはカリフォルニア州のスタンフォード大とカリフォルニア大バークレー校とが初の対抗戦を行った。このゲームについてメディアが後日の5月17日に、「バスケットボール　競技スポーツに熱中する女性の新時代」と紹介した。そして、全米の各大学にさらに浸透していった。この状況をうけて、バスケットボールを指導していた各大学の女性体育教師たちがニューヨークに集まって、スミス大のベレンソンが中心となってルールを検討し、次のようなことを骨子とした公式ルールを定めた。

①ディフェンスは、ボールを保持しているプレーヤーからボールを奪い取ってはならない。
②ボールを保持しているプレーヤーは、3秒以上続けて保持してはならない。
③コートを3区分する。プレーヤーは初めに配置された区分を越えて他の区分に侵入してはならない。これを犯したときはファウルとする。
④ディフェンスは、ボールを保持している相手に向かって自分の片手もしくは両手を上方に伸ばして守ってはならない。ディフェンスは両手を水平に横に広げて守らなければならない。このときの違反を〝オーバーガーディング〟（Overguarding）と称する。

さらに、次のようなことも定めた。

①1チームは9名で構成し、3区分したそれぞれの区分にオフェンス、センター、ディフェンスと呼ぶポジションで各3名ずつを配置する。

② ドリブルは禁止。ショットが許されるのはオフェンスの3名のみとし、成功したときには1点とする。また、3回連続ファウルを犯したときは相手チームに得点を加算する。

③ 負傷者は退場(いったんベンチに戻ること)とし、交代を認めない。その選手が手当てを終えてゲームに戻るまでは人数を欠いたまま続行する。

スミス大から始まったバスケットボールは、学内の授業や学年対抗戦だけではなく、大学対校競技種目としても全米的な広がりを見せていった。しかし、その一方でさまざまな批判も生じた。今日、にわかには信じがたいが、このような内容だった(Stutts, A.: Women's Basketball, 1969)。

(1) 生理学的側面…女性の心臓は男性よりも小さい。だから、心臓に大きな負荷がかかるバスケットボールには充分耐えられない。プレー中の身体への悪影響は男性以上で、時には不妊症治療が必要になる恐れもある。

(2) 社会学的側面…女性は優る者が勝ち、劣る者が敗れるという競技スポーツに慣れていない。スポーツを通して身につけているスポーツマンシップの伝統は男性ほどではない。負けると気持ちを切り換えるのに時間を要するし、男性よりも気持ちの動揺が大きい。それが原因となって、勉学への集中を欠いたり、不眠に陥ったり、情緒も安定しなくなる。

ネイスミスも女子バスケットボールについて、「ついボールの後を追いかけがちになるのは女性の特徴かもしれない。絶え間なくボールを追い続けて動き回るために、体力の消耗が激しく、スピードが落ちるのも早い。さらに、女性はスポーツにおける動きの反射能力が男性とは異なるので、素早く判断したり、動いたりするのは男性と比べると慣れるのに時間がかかるかもしれない」と指摘していた。

## ◉新しい展開

このように女子バスケットボールをめぐる論議が続くなか、1895年に南部ルイジアナ州ニューオリンズのニューコム大のC・G・ベアという女性体育教師がベレンソンたちが作成したルールとは異なる“Basquette”（スペルは違うが発音はおなじバスケット）と称する独自の女子ルールを発表した。ベアは次のように述べている。

「ニューヨークの某出版社か

▲C. G. ベアとルールブック

▲ニューコム大のゲーム風景

ら出た最近の辞典によると、バスケットボールは『フットボールに似たゲームで女子が行うゲーム』と定義されている。だが、そもそもこのゲームは女子が行うゲームとして考え出されたものではないし、いまや、女子は締め出されている。実際、バスケットボール書のほとんどが〝男子がやるゲーム〟と説明している。だから、女子体育館種目として書かれているものは女子用に修正されている」。

さらに、ベアはこういうことを付け加えている。

「創案者のネイスミス氏は、バスケットボールが世界的に普及し、体育館でスポーツをやりたい人たちの意欲を満たすゲームになったと言っている。そういう意味では確かに女子向けの効果の高いスポーツだ。しかし、発育盛りの女子に適したゲーム、あるいは体力に自信がないとか、あまり運動が好きではない女子でもできるように、運動量や心身への影響などに配慮したゲームに手直しする必要があった」。

ベアは、この考えをもとに、区分を越えて他の区分に進入できないのはベレンソンたちの6人制の「3区分コート制」と同じだが、コートを6区分した8人制、9区分した11人制のルールを新たに考案した。

やがて、ネイスミスのオリジナルから離れて各大学が独自のルール修正を続けて、いくつもの女

▲初の公式規則書を刊行したS.ベレンソン

子ルールが出来てしまった。そこで、1899年6月14日～28日に誕生の地スプリングフィールドの国際YMCAトレーニングスクールにベレンソンたちが集まってまずルール委員会を設け、公式統一ルールを作成することにした。その結果、1901年にベレンソンが自ら編集長となって初の女子公式規則書（Basket Ball for Women）を刊行した。

## ◉その後のルールの変遷

それから、表1（次ページ）のようにルールが改廃増補されていった。

スミス大の体育教師で初めて本格的にバスケットボールを指導したベレンソンは、アメリカでは「女子バスケットボールの母」と称されている。

## ◉プロチームの誕生

やがて、プロチームが結成されるようになった。アメリカの女子バスケットボール史でもっとも古いプロチームとなったのは、1936年に発足したアメリカン・ワールドチャンピオンズ・バスケットボールクラブという団体の〝レッド・ヘッズ〟（The Red Heads）というチームだった。1947年には「全米51州のうちの46州の200万人以上のファンが観戦に詰めかけた」とされる。チームの名前は、ファンに印象づけるために赤いヘアピースを付けていたことに由来する（プレーヤーが美容院に勤務していて、髪を赤く染めていたという話もあるが）。ハーレム・グローブ・トロッターズ（全世界を旅して、洗練されたバスケットボール技術のユニークな組み合わせと喜劇的ショーマンシップを特色としてエキシビジョンゲームを見せる黒人男子チーム）にも匹敵するほどの優れたプレーヤーを揃えて、各地の男子チームと対戦して回っていた。１９４７年には興業距離およそ50万kmに達し、１８００ゲームをこなしていた。１９７１年には男子ルールで男子チームと対戦して、１６９勝をマークしたが、１９８６年に解散

表１　女子ルールの変遷

| | |
|---|---|
| 1903…… | 20 分ハーフから 15 分ハーフへ短縮。 |
| 1905…… | 1 チーム 9 人制を導入。 |
| 1910…… | ドリブルの「1 回のみ」を廃止。 |
| 1913…… | ドリブルの「1 回のみ」を復活。小さなコートの場合に限って「2 区分コート制」を許可。 |
| 1916…… | ハーフタイム以外はベンチからのコーチングを禁止。 |
| 1918…… | ショット成功のボールが通過するように、今日のようにバスケット の底を除去。 |
| 1921…… | 両手でオーバーヘッドパスのようにショットしたボールがバック ボードに跳ね返って成功したときは、1 点とすることを導入（1925 年まで適用）。 |
| 1932…… | すべてのショットは 2 点とすることに変更。 |
| 1938…… | 長く続けられた「3 区分コート制」を廃止し、「2 区分コート制」に変更。他の区分への進入の禁止は継続。また、1 チームの人数を 9 人から 6 人に変更。 |
| 1949…… | ドリブルを「2 回まで」に変更。 |
| 1956…… | 男子と同様の「3 秒ルール」を導入。ヘルドボールを「両手がボールに触れている場合」と定義。 |
| 1960…… | 今日のようにコートをハーフラインで区分し、プレイヤーはコート 内のどこでもプレイしてよいことに変更。ドリブルを「3 回まで」に変更。 |
| 1966…… | ドリブルの回数は無制限とすることに変更。 |
| 1971…… | 今日のように 1 チームの人数を 5 人に変更。 |
| 1975…… | 20 分ハーフ制を復活。ワン・アンド・ワン・スローを導入。 |
| 1987…… | 3 点ショットを導入。 |

した。

## ◉オリンピック種目に

女子バスケットボールは1976年のモントリオール大会からオリンピックの実施種目になった。アメリカはその年4月に全米5地区でプレーヤー選考会を行い、34名を選んだ。次いで、5月にセントラル・ミズーリ州立大学で合宿を行い、代表チームを編成した。参加国は前年の世界選手権大会枠でソ連、チェコスロバキア、日本、開催国のカナダ、そして、予選を勝ち抜いたアメリカとブルガリアの6カ国だった。アメリカは、210cmというセメノワを擁するソ連の後塵を拝して優勝を逃している。発祥国であるにもかかわらず、ここまでに述べたようなアメリカにおける女子バスケットボールの経緯が対ソ連戦の敗因に影響したのかもしれない。

アメリカ女子バスケットボールの大きなターニングポイントとなったのは、1996年のアトランタ・オリンピックだとされる。前回の1992年のバルセロナ大会では銅メダル、1994年の世界選手権では準決勝でブラジルに屈して第3位に終わっていた。こういう経緯を踏まえて、アトランタ大会のチームのヘッドコーチを引き受けたT・ヴァンダービアは使命の重さをひしひしと痛感していた。つまり、目標は、優勝して世界ナンバーワンの座にカムバックすること以外にない。そこで勤務校（スタンフォード大学）から1年間の公認休暇を取りつけ、オリンピックに専念できる態勢を整えた。そして、オリンピック本番で対戦するかもしれない世界の女子強豪国チームやアメリカ国内の目ぼしい大学チームとの練習試合を次々と重ねて、通算52勝0敗という連勝記録を残してアトランタ入りした。

競技が始まると、まさしく満を持していたかのごとく初戦の対キューバ戦を突破（101-84）するや、一気に波に乗った。ウクライナ（98-63）、ザイール（107-47）、オーストラリア（96-79）、韓国（105-64）、準々決勝で日本（108-93）、準決勝でオーストラリア（93-71）を連破し、破竹の勢いで決勝に進出した。そして、会場を埋め尽くした3万2997人という大観衆を前にして、1994年の世界選手権で苦汁を飲まされたブラジルに雪辱して（111-87）優勝した。

## ◉ふたたびプロリーグの誕生

このアトランタでの金メダル獲得以前に「米の女子プロリーグ準備整う」（2月25日・讀賣新聞）とアメリカン・バスケットボール・リーグ（ABL = American Basketball League）の誕生が報じられた。アメリカにおける女子プロリーグが生まれたのはこれで5度目のことだが、過去、いずれも期待したように観戦客を集めることができずに採算割れしてしまい、長くて3シーズンしか続かなかった。最後となったのがWBAリーグ（WBA = Women's Basketball Association League）で1996年に消滅している。

さて、ABLは1996-97、1997-98年度の2シーズンは順調だったが、3シーズン目の途中の1998年12月22日に破綻してしまった。

前後して、1996年4月24日にNBAのフランチャイズを拠点に新しい女子プロリーグのWNBA（Women's National Basketball Association）が立ち上げられ、1997年6月21日から8チームで最初のシーズンがスタートを切った。現在、チームは表2のようになっている。

やはり、NBAの〝後押し〟があるせいか、いまや、完全に女子プロリーグとしてアメリカ社会に定着した。また、野球とフットボールのシーズンの間に行うので、「バスケットボールはウインタースポーツ」というアメリカに長く根づいている感覚を変えた。

このWNBAの成功は、換言すればアメリカ女子ナショナルチームへの選手供給システムが出来上がったことを意味する。かつては現役学生か卒業生から選考してチームを編成していたが、大学リーグで活躍したプレーヤーがWNBAに入って

表2　女子プロリーグWNBAの所属チーム

| | チーム | 所在地 | 加盟年 |
|---|---|---|---|
| 東カンファレンス | アトランタ・ドリーム | ジョージア州アトランタ | 2008 |
| | シカゴ・スカイ | イリノイ州ローズモント | 2006 |
| | コネティカット・サン | コネティカット州アンキャスビル | 1999 |
| | インディアナ・フィーバー | インディアナ州インディアナ | 2000 |
| | ニューヨーク・リバティ | ニューヨーク州ニューヨーク | 1997 |
| | ワシントン・ミスティクス | ワシントン・D・C | 1998 |
| 西カンファレンス | ロサンゼルス・スパークス | カリフォルニア州ロサンジェルス | 1997 |
| | ミネソタ・リンクス | ミネソタ州ミネアポリス | 1999 |
| | フェニックス・マーキュリー | アリゾナ州フェニックス | 1997 |
| | サンアントニオ・シルバースターズ | テキサス州サンアントニオ | 1997 |
| | シアトル・ストーム | ワシントン州シアトル | 2000 |
| | タルサ・ショック | オクラホマ州タルサ | 1998 |

さらに水準の高いところでプレーし、そういうプレーヤーから選りすぐってナショナルチームを編成できるようになった。それが当たり前のヨーロッパ並みの状態―国内クラブリーグのチームで覇を競っているプレーヤーがナショナルチームの中核となっている―になったとも言える。事実、２００８年のオリンピック北京大会のチームは12名全員がＷＮＢＡ所属チームのメンバーだった。

ちなみに、アメリカ女子チームの１９９６年以降の世界選手権とオリンピックの戦績は表３のようになっている。

２００６年の世界選手権では、準決勝でロシアに68-75で敗れ、３位決定戦でブラジルに99-59で勝っている。これを除けば、アメリカは２０１０年の世界選手権でも優勝して、世界女王の座を確保し続けている。

表３　アメリカ女子ナショナルチームの戦績

| 年 | 90 | 92 | 94 | 96 | 98 | 00 | 02 | 04 | 06 | 08 | 10 |
|---|---|---|---|---|---|---|---|---|---|---|---|
| 世界選手権 | 1 | | 3 | | 1 | | 1 | | 3 | | 1 |
| オリンピック | | 3 | | 1 | | 1 | | 1 | | 1 | |

# 第14章 世界のバスケットボールの流れ

バックボードとリング

## ◉世界のバスケットボールの変化

１９９９年の３月のことだった。こういうニュースが伝えられた。

「ＮＢＡとＦＩＢＡは今年の第９回男子マクドナルド選手権の開催要項を発表し、今回初めてアジアの代表チームも参加できることになった。今年はイタリアのミラノで10月４日から３日間、６チームが参加して行われる。隔年開催で、前回はＮＢＡチャンピオンのブルズが優勝した」。

これを受けたかのように、３月にＦＩＢＡ事務総長スタンコビッチが出席して（当時の）アジア・バスケットボール連盟中央理事会が開かれ、マクドナルド選手権への「アジア代表チームの件」が話し合われた。会議では、アジア・チャンピオンズカップの結果を見て参加チームを決める、アジア・オールスターチームではどうか…などの意見が出たが、事務総長スタンコビッチは「単独のベストチームとする」ことに固執した。そこで、アジア・チャンピオンズカップの優勝チームがミラノに行くことになった。

マクドナルド選手権は、バスケットボールの世界的レベルアップという目的で1987年にNBAとFIBAとの合意で成立した大会だ。実際はNBA優勝チームとFIBAの各大陸ゾーン代表チームを加えた（ナショナルチームという国代表チームではない）世界クラブチーム選手権だった。初期のころはナショナルチームでも認めていたが、ほどなくして、ヨーロッパゾーンはユーロリーグ優勝チームとなったりして、ほぼクラブリーグの大会になっていった。そして、初めはマクドナルドカップと称していたが、実体は正真正銘の「プロ」（NBA）と各大陸ゾーン代表チームとの結合だった。要するに、FIBAの事実上の「プロ容認」だった。それが契機となって、1992年のバルセロナ・オリンピックにおけるアメリカ代表チームとしてのNBAドリームチームの出場が実現した。

これを境にして各国のクラブチームは、外国人プレーヤーを積極的に採用して編成したチームで戦う各ゾーン連盟主催のクラブ選手権と、自分の国の国籍をもつプレーヤーだけで編成したナショナルチームによるFIBAおよび各ゾーン連盟主催の選手権への出場を、分けて対応するようになった。アジア・チャンピオンズカップはまさにその好例以外の何物でもない。

翻《ひるがえ》って、1964年の東京オリンピックのころは、依然として世界のスポーツ界はアマチュアとプロとの垣根は高かった。当時の「アマチュア」には、ステート・アマチュア（国家公認養成選手）、ミリタリー・アマチュア（軍属選手）、スチューデント・アマチュア（学生選手）、コマーシャル・アマチュア（企業所属選手）という分類があった。

日本の実業団チームはコマーシャル・アマチュアに属するが、ここでの「アマチュア」は、所属企業の社員として生業に就いており、その対価として給料をもらっている（プレーを職業としない）プレーヤーのことを意味した。日本はこのプレーヤーで編成された実業団チームの時代が長く続いた。

1967年、日本バスケットボール協会と日本実業団バスケットボール連盟が男女実業団各8チームによる「日本リーグ」をスタートさせた。1995年に「バスケットボール日本リーグ機構」が設立され、翌年に日本リーグがこの機構に移管された。女子は1998年にバスケットボール女子日本リーグ機構の設立に伴い、男子と同様に女子日本リーグを移管した。

男子は2007年に「日本バスケットボールリーグ」（JBL）とリニューアルされて今日に至っているが、基本的には実業団リーグであることに変わらない間が長すぎたとされる。というのは、世界の流れはすでに1992年にNBAドリームチームがバルセロナ・オリンピックで登場して以来、大きく「プロ化」へと変わったのに、日本はややその波に乗り遅れた感は否めないからだ。しかし、2010年度現在、JBL加盟8チームのうちプロチームがふたつ含まれている。

他方、2005年11月5日に「bjリーグ」と称する日本初のプロリーグが発足した。同リーグは次のように説明している。

「ファンに提供するのはハイレベルでエンターテインメント性に溢れたプロのバスケットボールであり、リーグはオープンでフェアネスなシステムのもとに成り立っており、チーム作りは一企業に依存しない地域密着性を趣旨としている」（「bjリーグ公式ガイドブック」2009-10）。

当初は6チームだったが、その後、毎年度加盟チーム数が増加し、2010-11年度は16チームに達している。また、日本バスケットボール協会に2010年度から登録を行い、日本リーグとの共存時代に入っている。これを経て両者の統一リーグ（トップリーグと称されている）に統合されていく方針も公表されている。

## ◉FIBA事務総長の交代(1)

1976年に第二代事務総長に就任したB・スタンコビッチは、その後26年間務め、2002年の任期末に退任することを前年に発表した。当時、次のようなことを述べている。

「退任までの残された課題は、『世界のバスケットボール界をより揺らぎのない状態にし、バスケットボールの〝発展途上国〟の成長を加速させること』だと思っている。FIBA加盟国は208カ国を数えているけれども、率直に言って、このうちで実際に組織運営が整っており、きちんとした活動水準を確立・維持しているのは100カ国そこそこではないか。どこまでできるか分からないが、自分に残された間に、この数字をもう少し増やしたい」。

そして、それまでの在任期間をこう振り返っている。

「次の3点に集約できるのではないか。①アマチュア状態の（専門能力を備えたスタッフ集団になっていなかった）FIBA事務局を専門性が高いという意味でプロ化できた。②いろいろな意味で世界のバスケットボール界の掛け橋的役割を担っていたアメリカのNBAと提携合意することができ、オリンピックや世界選手権にNBAの参加が実現した。③世界とIOC（国際オリンピック委員会）におけるバスケットボール競技のステイタス（地位・重要度）が向上した。つまり、世界のスポーツのビッグ5のひとつとなり、オリンピックでは重要種目に位置づけられるようになった。事務総長就任時の加盟国数は136に過ぎず、今ほどのステイタスではなかった。④最後につけ加えるとしたら、ヨーロッパゾーンの目覚ましい充実だ」。

要するに、2010年現在、FIBA加盟国数は213に増加し、オリンピックでは陸上競技に次ぐ（多くの観衆、高いテレビ視聴率を見込める）ドル箱種目になった。そして、NBAとの結びつきはまず各国で国内クラブリーグ（ナショナルリーグ）が誕生し、それが国代表（ナショナルチーム）のレベルアップに貢献した。さらに、近隣数カ国が合意・参加する国際クラブリーグ（インターナショナルリーグ）に発展し、やがて、5大陸クラブ選手権（インターコンチネンタル選手権）の創始に結びつこうとしている。

## ◉ＦＩＢＡ事務総長の交代(2)

１９７６年にＦＩＢＡ事務総長職をＷ・Ｒ・ジョーンズから引き継いだ第二代のＢ・スタンコビッチは、２００２年のＦＩＢＡ世界選手権（於・インディアナポリス）を最後に後継者Ｐ・ボウマンと代わった。第三代事務総長ボウマンは次のような新しい構想を示した。

(1) オリンピックが世界を5大陸（これをゾーンと呼ぶ）に分けて識別しているように、新しく、ＦＩＢＡアジア、ＦＩＢＡアフリカ、ＦＩＢＡアメリカ、ＦＩＢＡヨーロッパ、ＦＩＢＡオセアニアと名称を改める。それまで各ゾーンは、アジア＝ＡＢＣ（Asian Basketball Confederation）、アフリカ＝ＦＡＢＡ（African Basketball Association）、アメリカ＝ＣＯＰＡＢＡ（Pan American Basketball Confederation）、ヨーロッパ＝ＵＥＬＢ（Union of Europe Leagues of Basketball）、オセアニア＝ＯＢＣ（Oceania Basketball Confederation）と独自の名称を用いていた。それをＦＩＢＡ○○○…と統一した。さらに、それぞれのゾーンカラー（アジア＝橙、アフリカ＝グレー、アメリカ＝赤、ヨーロッパ＝青、オセアニア＝緑）を決め、共通のロゴマークおよびサイズも決めた。

(2) 各ゾーンのもとにサブゾーンを設ける。これは各ゾーン選手権を行う場合の参加チーム数を

▲第３代 FIBA 事務総長 P. ボウマン

決める「根拠」になる。

## ◉FIBAアジアの動向

これを受けて、2004年からアジア・バスケットボール連盟はFIBAアジアと名称を変更し、サブゾーン（SZ）と所属国を割り振った。

したがって、（他のゾーンの場合も同じだが）男子アジア選手権は参加申し込みをすれば受け付けられる、かつてのフリーエントリー制が廃止となった。表1のように参加チーム数が限定されるようになった。言いかえれば、原則として、各サブゾーン毎にあらかじめ予選を行い、勝ち抜いた国が本大会（選手権大会）への出場が決まるようになった。

この結果、男子アジア選手権の結果を示すと、表2（次ページ）のようになる。表では東アジア勢を網かけで示している。こうして見ると、アジアのバスケットボール史は東アジアSZの歩みでもあった。なかでも注目は中国だ。1913年にフィリピンが提唱してきた極東選手権競技大会に日本とともに加わった。これは1934年まで続き、1936年にはベルリン・オリンピックに参加、第二次世界大戦後は1948年のロンドン・オリンピックにも参加した。1949年に国内事情が変わり（中華人民共和国の成立）、

表1　FIBAアジア選手権大会の出場割り当て

| | |
|---|---|
| 開催国 | 1 |
| ＊前年優勝国 | 1 |
| ＊前年ベスト4該当SZ | 4 |
| 東アジアSZ | 2 |
| 東南アジアSZ | 2 |
| 中央アジアSZ | 2 |
| 西アジアSZ | 2 |
| 湾岸SZ | 2 |

＊前年開催のスタンコビッチカップ

表２　FIBA アジア選手権の成績

| 開催年 | １位 | ２位 | ３位 | ４位 |
|---|---|---|---|---|
| 1960 | PHL | TPE | JPN | KOR |
| 1963 | PHL | TPE | KOR | THI |
| 1965 | JPN | PHL | KOR | THI |
| 1967 | PHL | KOR | JPN | IND |
| 1969 | KOR | JPN | PHL | TPE |
| 1971 | JPN | PHL | KOR | TPE |
| 1973 | PHL | KOR | TPE | JPN |
| 1975 | CHN | JPN | KOR | IND |
| 1977 | CHN | KOR | JPN | MAL |
| 1979 | CHN | JPN | KOR | PHL |
| 1981 | CHN | KOR | JPN | PHL |
| 1983 | CHN | JPN | KOR | KWT |
| 1985 | PHL | KOR | CHN | MAL |
| 1987 | CHN | KOR | JPN | PHL |
| 1989 | CHN | KOR | TPE | JPN |
| 1991 | CHN | KOR | JPN | TPE |
| 1993 | CHN | PRK | KOR | IRI |
| 1995 | CHN | KOR | JPN | TPE |
| 1997 | KOR | JPN | CHN | KSA |
| 1999 | CHN | KOR | KSA | TPE |
| 2001 | CHN | LIB | KOR | SYR |
| 2003 | CHN | KOR | QAT | LIB |
| 2005 | CHN | LIB | QAT | KOR |
| 2007 | IRI | LIB | KOR | KAZ |
| 2009 | IRI | CHN | JOR | LIB |

PHL：フィリピン、TPE：チャイニーズタイペイ、JPN：日本、KOR：韓国、THI：タイ、IND：インド、CHN：中国、MAL：マレーシア、KWT：クウェート、IRI：イラン、KSA：サウジアラビア、LIB：レバノン、SYR：シリア、QAT：カタール、KAZ：カザフスタン（網かけは東アジアの国）。

１９５８年にはＦＩＢＡから脱退した。したがって、１９６０年にアジア・バスケットボール連盟（ＡＢＣ）が生まれたとき、加盟国として現在の「中国」の名前はなかった。１９７１年に中国は国連に復帰した。１９７４年、ＩＯＣとＦＩＢＡが加盟承認した後に、ＡＢＣも承認して、１９７５年のタイのバンコクで開催した第８回男子アジア選手権大会から参加し始めた。以後、立て続けに４連勝、１９８６年大会に初めて３位に落ちたものの、１９８７年の第14回大会から５連勝、１９９７年（第19回大会）に２回目の３位になったが、再び第20回大会から４連勝と、２００５年大会までに14回も優勝した。

　これに負けじと、韓国、日本、ＣＴＢＡが追走してはいたが、２０００年に入ってから中国を除き総じて東アジアは退潮、呼応して西ＳＺと湾岸ＳＺが一気に台頭。換言するならば、アジアのバスケットボールは2000年を境に脱・東アジアとともに、新時代に入ったと言えるのではないだろうか。

## ◉クラブリーグの到来

1992年のバルセロナ・オリンピックにNBAのドリームチームが登場して以来、世界のプロ容認意識が具体的な変化につながり、各国は国内リーグ（＝プロリーグ）を次々と立ち上げていった。優れた「インターナショナル・プレーヤー」と呼ばれる外国籍選手を加え、チームの力量と魅力を高め、ゲームをセールスする。入場料収入とは別に、テレビ局からは放映権料、有力スポンサーとは宣伝・広告料、グッズ等の独占販売権料などを得て、チームやリーグの運営資金を獲得するのが通例となった。

それから、各大陸（ゾーン）内で、数カ国が加盟した国際クラブリーグ（プロリーグ）が結成されていった。それがさらにゾーンを代表する統一リーグとなった。それぞれの大陸における一例を示す。

### (1)ヨーロッパゾーン

**◇ユーロリーグ**（Euro League）……1958年にヨーロッパ・チャンピオンズカップとして始まった。1991年からヨーロッパ・バスケットボールリーグ連合（ULEB）が主催。1996

年にユーロリーグと名称変更、ヨーロッパの24の強豪が顔を連ねる最高の男子プロリーグ。2000年にFIBAから独立、NBAに次ぐ水準のリーグとされる。2005年にFIBA選手権となる。女子は1959年にヨーロッパ女子クラブカップとして始められ、1992年から現在名に変更。FIBAヨーロッパによって運営されている。

ユーロリーグのプレーヤーでNBAに移籍する者が増え、また、アメリカのプレーヤーがやがてNBA入りするのを目指してユーロリーグで実績を積もうとする者も多い。最近の2005〜09年の5シーズンの決勝に進出したチームは、ロシアが3回、スペイン、ギリシャ、イスラエルが2回、ドイツが1回となっている。

◇**ユーロチャレンジ**（Euro Challenge）……2002年にヨーロッパ・チャンピオンズカップとして始まったFIBAヨーロッパが開催するクラブチーム国際大会。2003年にFIBAヨーロッパリーグ、2005年にFIBAユーロカップと改称したが、2008年からこの名称となった。出場資格はFIBAヨーロッパ所属の全加盟国にある。ユーロリーグと上記ULBEカップ出場チームを除く上位チーム、不参加チームの上位チームが参加する。最近の2005〜09年の5シーズンの決勝で対戦したチームは、ここでもロシアが強くて2回、ウクライナとスペインも2回、イタリア、フランス、ベルギー、オーストリアが各1回となっている。なかでもスペインは、ユーロリーグも含めると4回優勝している。

### (2)アフリカゾーン

◇ＦＩＢＡアフリカ・クラブチャンピオンズカップ……１９７２年からＦＩＢＡアフリカが開催する国際大会。ここ５シーズンでは、２００５年度にコートジボワールが優勝した後は、アンゴラが４連勝している。

### (3)アメリカゾーン

◇アメリカリーグ……ＦＩＢＡアメリカが主催する国際大会。２００９-１０年度シーズンのファイナル４がアルゼンチンで行われている。ここ３カ年のシーズンでは、アルゼンチンが２回優勝し、メキシコが２回準優勝している。これにブラジル、ベネズエラが続く結果となっている。

### (4)オセアニアゾーン

◇ＦＩＢＡオセアニア選手権……ＦＩＢＡのオセアニアゾーン加盟国は21もあるが、実際にはオーストラリアとニュージーランドの２カ国のみに限られている。ちなみに、残る19カ国（アメリカ領サモア、クック諸島、ミクロネシア、フィジー、グアム、キリバティ、マーシャル群島、ナルル、ニューカレドニア、ノーフォーク島、北マリアナ諸島、パラウ、パプアニューギニア、サモア、ソロモン諸島、タヒチ、トンガ、ツバル、バヌアツ）は、協会はあっても事実上の活動はなかなか困難があるという。そういう状況のもと、２００９年度選手権は８月23日～25日にニュージーランドとオーストラリアとが対戦して、ニュージーランドが優勝した。

### ⑸アジアゾーン

◇ＦＩＢＡアジア・チャンピオンズカップ……ほぼ毎年5月に行われている。かつては「ＡＢＣアジアクラブ選手権」という名称だったが、１９８1年から始められており、１９９5年度からは毎年開催されている。２００６〜１０年度の5シーズンでは、イランが２００7年から4連覇しており、その勢いでアジア選手権の決勝で中国を破り、北京オリンピックに出場したことは記憶に新しい。また、開催地と参加チームが西および湾岸サブゾーンに集中しており、さながら両サブゾーン大会の感がする。アジアのバスケットボール界における西・湾岸勢力の台頭の誘因となったのかもしれない。

ＦＩＢＡはすでに２００８年12月8日に、「２０１１年から各ゾーンのチャンピオンが出場する賞金大会を開催する」ことを発表している。具体的にはアメリカとヨーロッパゾーンから各2チーム、アジア、オセアニア、アフリカの各ゾーンから1チーム、それに開催国の計8チームが総額１００万ドルの賞金をかけて戦うという。その後、開催国は中国（北京・成都）で行われると報道された。

## ■参考文献・資料、写真


●**第1章（世界最初のゲームとひとりの日本人）**

① Hopkins, H. C. (1951) History of Y. M. C. A. in North America, Association Press. New York.

② 水谷豊（1979年）『YMCAにおけるバスケットボール』日本YMCA同盟

③ 水谷豊（1997年）「石川源三郎略伝」桐朋学園短期大学紀要、(15)

④ 水谷豊（2004年）『バスケットボール　ザ・ワールド・ニュース』叢文社　東京

⑤ Naismith, J.〈水谷豊訳〉（1980年）『バスケットボール　その起源と発展』YMCA出版　東京

●**第2章（ゲームを創案したネイスミスの生涯）**

⑥ 水谷豊（1978年）「バスケットボールの歴史に関する一考察（Ⅳ）創案者 James Naismith 略伝」青山学院大学「論集」、(19)

⑦ 前掲④

⑧ Webb, B. L. (1973) *The Basketball Man James Naismith*, The University of Kansas Press, Lawrence.

●**第3章（「バスケットボール」誕生の背景）**

⑨ 前掲①

⑩ 水谷豊（1975年）「バスケットボールの歴史に関する一考察（Ⅰ）新しいゲームの必要性」中京女子大学「紀要」（9）

⑪ 前掲⑤

⑫ Springfield College (1991) *Basketball was born here*, Springfield College, Springfield.

●**第4章（アメリカにおける普及と発展）**

⑬ Alexader. M. Weyand (1960) *The cavalcade of BASKETBALL*, The Macmillan Co., New York.

⑭ 前掲④

⑮ 水谷豊（2005年）「バスケットボールの創成」体育学研究、50（3）

⑯ Naismith, J. (1892) *Basket Ball, The TRIANGLE*, 1 (10), International YMCA Training School, Springfield.

⑰ 前掲⑤

⑱ *PHYSICAL EDUCATION* (1893), 11 (2), The Triandle Publishing Company, Springfield.

●**第5章（ゲームの移り変わり）**

⑲ Cooper, M. J./Benington, J. (1962) *The Theory and Science of Basketball*, Lea & Febiger. Philadelphia.

⑳ FIBA (1991) *Basketball* 60, FIBA, Munich.

㉑ Holman, N. (1950) *HOLMAN on Basketball*, Crown Publishers, Inc., New York.

㉒ 水谷豊（1988年）「バスケットボールの3点ショットに関する一考察」上越教育大学「紀要」（7）

㉓ 水谷豊（1997年）『バスケットボールの技術・ルール史

抄』スポーツ文化論シリーズ⑧、創文企画　東京
㉔水谷豊（1999年）「バスケットボールの3点ショットに関する一考察」桐朋学園短期大学「紀要」(17)
㉕前掲④
㉖前掲⑤
㉗Newell, P./Benington. J (1962) *Basketball Methods*, The Ronald Press Company, New York.


●**第6章（外国への普及）**

㉘Asian Basketball Confederation (1985) *Asian Basketball Confederation 1965–1985*, Tonegawa Printing Company. Ltd., Tokyo.
㉙Johnson, L. E. (1979) *The History of YMCA Physical Education*, Association Press, New York.
㉚FIBA (1972) *The Basketball World*, FIBA. Munich.
㉛前掲⑤
㉜Odle, J. D. (1961) *Basketball Around the World*, Economy Printing Concern, Berne, Indiana.
㉝http://hoopedia.nba.com
㉞http://fibaeurope.com
㉟http://www.fibaoceania.com


●**第7章（日本への移入）**

㊱松田妙子（1984年）『私は後悔しない』主婦と生活社　東京
㊲水谷豊（1983年）「バスケットボールの歴史に関する一考察（Ⅷ）大森兵蔵略伝」青山学院大学「論集」(23)
㊳水谷豊（1986年）『白夜のオリンピック』平凡社　東京
㊴奈良常五郎（1959年）『日本YMCA史』日本YMCA同盟　東京


●**第8章（F・H・ブラウンの貢献）**

㊵前掲㉙
㊶水谷豊（1982年）「バスケットボールの歴史に関する一考察（Ⅶ）日本における発展の功労者Franklin H. Brown」青山学院大学「論集」(22)
㊷前掲㊴


●**第9章（FIBAの誕生）**

㊸前掲㉛
㊹水谷豊（1992年）「国際バスケットボール史に関する一考察―FIBA誕生までの経緯」桐朋学園短期大学「紀要」(20)
㊺前掲④


●**第10章（オリンピック種目に）**

㊻水谷豊（1981年）「バスケットボールの歴史に関する一考察（Ⅵ）J. Naismithとオリンピック・ベルリン大会」青山学院大学「論集」(21)
㊼前掲④


●**第11章（世界選手権大会）**

㊽前掲㉚
㊾前掲④


●**第12章（プロバスケットボールの歩み）**

㊿Ashe, A, R. Jr. (1988) *A hard road to Glory*, Amistad Press, Inc., New York.
(51)Burdekin.K. C. R., etc. (2005) *Are NBA Fans Becoming*

*Indifferent to Race?*, Journal of Sports Economics, 6 (2)

(52) Coakley, J. J. (1982) *Sport and Society*, TIMES MIRROR/MOSBY College Publishing, St. Louis.

(53) Hollander, Z. 〈edited〉 (1979) *The Modern Encyclopedia of Basketball*, Doubleday & Company, Inc., Garden City.

(54) Neft, S. D./Cohen, M.R. (1989) *The Sports Encyclopedia PRO BASKETBALL*, St. Martin's Press, New York.

(55) 水谷豊（1995年）「アメリカ社会における黒人スポーツ史についての一考察―男子バスケットボールの歩みを史座として」桐朋学園短期大学「紀要」（13）

(56) 前掲④

(57) Peterson, W. R. (1990) *Cage to Jump shots*, Oxford University Press, New York.

(58) http://www.science.smith.edu

(59) http://basketball-statistics.com


## ●第13章（女子バスケットボールの歩み）

(60) 水谷豊（1977年）「バスケットボールの歴史に関する一考察（Ⅲ）女子バスケットボール小史」青山学院大学「論集」（18）

(61) 水谷豊（1979年）「バスケットボールの歴史に関する一考察（Ⅴ）女子バスケットボールの創始者 Senda Berenson」青山学院大学「論集」（20）

(62) 水谷豊（1998年）「アメリカ社会における女性スポーツ史についての一考察―バスケットボールの歩みを視座として」桐朋学園短期大学「紀要」（16）

(63) 前掲④


## ●第14章（世界のバスケットボールの流れ）

(64) Barzman, S. (1981) *505 Basketball Questions*, Walker and Company, New York.

(65) 前掲(53)

(66) Gutman, B. (1993) The History of NCAA Basketball, Crescent Books, New York.

(67) 水谷豊（1989年）「アジアにおけるスポーツの諸相（Ⅰ）東・東南アジアのバスケットボールを視点として」体育の科学、39（4）

(68) 水谷豊（1989年）「アジアにおけるスポーツの諸相（Ⅱ）東・東南アジアのバスケットボールを視点として」体育の科学、39（5）

(69) 前掲④

(70) http://www.ask.com

(71) http://www.eurocupbasketball.com


## ●その他

・Bole, R. D./Lawrence, A. C. (1987) *From Peachbaskets to Slamdunks*, Witman Press, B & L Publishers, Canaan, NH.

・平井肇編（1980年）『スポーツで読むアジア』世界思想社　東京

・Huw Clayton-Jones (1962) *BASKETBALL*, Arco Publications, London.

・Joyce, C. 〈谷岡健彦訳〉（2006年）『アメリカ社会入門／英国人ニューヨークに住む』NHK出版　東京

・Menke, G. F. (1944) *The New Encyclopedia of Sports*, A. S. Barnes and Company, New York.

・*FIBA Press Release*（October 3, 2010）
・Hollinger, J.（2010）*American'Redeem Team'Wins Basketball Gold*, The Sun（August 24）
・The New York Times（July 24-25, 2010）
・The New York Times（August 18, 2010）
・The Daily Yomiuri（September 14, 2010）
・International Herald Tribune（September 14, 2010）


●**写真提供**

*Courtesy of Photographs*

とくに次の方々からご厚意をいただきました。

・スプリングフィールド大学ボブソン図書館
（アメリカ・マサチューセッツ州スプリングフィールド）
Babson Library, Springfield College（Springfield, MA, USA）

・故E・G・ロウリー氏
（カナダ・オンタリオ州アルモント）
The late Ms. Edna Gardner Lowry（Almonte, Ontario, Canada）

# ●あとがき

バスケットボールの歴史などを調べようと、発祥の地アメリカ・マサチューセッツ州スプリングフィールドを初めて訪れたのはモントリオール・オリンピックのころでした。名称こそスプリングフィールド大学と変わっていましたが、紛れもなく1891年に世界初のゲームが行われた国際YMCAトレーニングスクールです。キャンパスの（その名もL・H・ギューリックの名前を冠した）学生寄宿舎のゲストルームに泊まり、ボブソン図書館に通う日が続きました。館内の一角にアーカイブズがあって、そこにもぐり込んで資料を漁りまくったのです。当時、ネイスミス・メモリアル・バスケットボール殿堂は現在のダウンタウンではなく、キャンパスの端っこにあり、そこにも通いました。初めの数年、図書館の蔵書検索は昔ながらのカタログ式でした。図書館も殿堂も複写液をくぐらせる旧式のコピー機で、よく紙詰まりして閉口しました。

そのころは、日本からのそういう来訪者が珍しかったのか、図々しく蔵書やファイルを片っ端から引っ張り出してきて、散乱するのも構わずにページをめくり、目を通している様子が珍しかったのか、とにかく、どのスタッフも親切で、時間を惜しむことなくヘルプしてくれたのです。そして、分らないことを尋ねると、納得がいくまで懸命に説明してくれました。こういう状況はネイスミスの故郷のカナダ・オンタリオ州アルモントに行ったときもそうでした。いつも地元の方々が語って下さる知られざるネイスミスにまつわる話に聞き入ったものです。結局、スプリングフィールドには、それ以来、なんだかんだと毎年行くようになり、アルモントも含めて、いったい何度訪れたことか。そのほかニューヨークやボストンの図書館、ネイスミスが住んだカンザスの地などにも行き、幾度となく太平洋を渡ったのです。

国内でもアメリカに行き始めた後から、あちこちで資料探しを始めました。ある所では、ようやく見つけ出した貴重な資料が凄い筆書きで読めず、係の方に「そんなことで本当に研究できるの？」と。恥も省みず拝み倒して、読み解いてもらったこともありました。

バスケットボールは、野球やフットボール、ゴルフのように長いことプレーされ、伝え継がれて今日に至ったのではなく、あるとき、たまたま、カナダ生まれの一人の男がその必要性に迫られて、考えをめぐらすなかでの〝ひらめき〟で創り出したゲームです。そういう生まれと育ちのせいか、今なお変化の途上にあるようです。

現在、リングの高さは3・05mですが、女子の場合のみ、変えようという話が伝えられました。2010年10月、FIBAが「女子のリングの高さを低くすることを検討」と発表したのです。チェコスロバキアで女子世界選手権が開催されたとき、50カ国ほどのコーチ、プレーヤー、関係者が参加した女性バスケットボール会議が開かれたのです。そのとき、「女子のゲームをさらに魅力的にする」という目的で、すでにボールサイズを変更しているので今度はリングの高さを変えることが俎上に上ったのです。イタリア協会がすでに実験しており、リングを低くするメリットがあると報告しました。FIBAはさらに実験を続けることにし、引き受け協会の申し出を待っているようです。ボウマン事務総長は「15cmくらいは低くしたい。でも、拙速は避けるべきだし結論は4年後になるだろう」と述べています。1891年以来、一度も変更されたことのないリングの高さが変わるかもしれないのです。きっとネイスミスは、このリングの高さの変更については「ついに時代の流れは自分が考案したゲームの〝根幹〟にも及ぶのか…」と、いささか複雑なものを禁じ得ないのではないでしょうか。

また、2010年12月に「ネイスミスのルール、4億円で売却」という報道がありました。この「ルール」は第4章で述べたあの13条のルールのことです。1891年12月21日に最初のゲームを行ったとき、ネイスミスはルールを2枚の紙にタイプ打ちして体育館の壁に貼り、初めてのゲームをスタートする前に学生たちに説明しました。その後、その2枚の紙がどうなったのか、杳《よう》として行方が分からないままでした。ですから、1991年にバスケットボール生誕100周年の記念行事が盛大に行われたときも話題にならなかったのです。ところが、じつはネイスミスの孫息子の一人がそれを手もとに保管しており、国際競売会社に委託してオークションに出したら、「ひょっとしたら、2億円くらいで」という予想をはるかに超える額で売れたのです。

生前、ネイスミスは創案者としてバスケットボールのことでお金につながるのをとても忌み嫌い、清貧さを貫いたことで知られています。自分の死後、まさか、孫息子がこういう話題をもたらすのは思いも寄らないことだと思います。すでに第4章で述べていますが、ネイスミスは1898年にカンザス州ローレンスのカンザス大学に転勤し、1939年に亡くなるまで勤めました。この13条のルールをタイプ打ちした2枚の紙の落札者はカンザス大学の卒業生で、すでに母校にスポーツ関係の多額の寄付をしており、やがてはこの2枚の紙も母校に寄付するつもりだそうです。もし、この話がカンザス州ローレンスの墓に眠るネイスミスに届けば、きっと、安堵するのかなと思います。

本書のことでは、とくに次の方々に長くお世話になりました。ここに記して感謝の気持ちを伝えたいと思います。

(Sincere thanks to...)

○スプリングフィールド大学（Springfield College, Springfield, MA, USA）

・Ms. Andrea Taupier（Executive Director of Babson Library）（図書館長A.トーピア氏）

・Prof. Deborah Alm（Director of International Center）（国際センター長D.アルム教授）

○カナダ・アルモント（Almonte, ON, Canada）

・Mr. Bob Gallagher（CEO of Peterborough YMCA, Ontario, Canada）（カナダ・ピーターボローＹＭＣＡ最高経営責任者B.ギャラガー氏）

大修館書店の平井啓允氏から最初に本書の構想をいただいたのは、もう10年近くも前のことでした。大変な遅筆になってしまいました。いつものこととはいえ、本書でも長いこと脱稿を待っていただきました。長年にわたるご高配には感謝の気持ちが尽きません。本当にありがとうございました。

２０１０年11月6日　ネイスミスの誕生日に

水谷　豊

## ◉著者紹介

**水谷　豊**（みずたに　ゆたか）
岐阜県生まれ
1966年東京教育大学体育学部卒業
1973年東京教育大学体育学部体育学研究科修士課程修了
現在、（財）日本バスケットボール協会理事
著書・訳書には『バスケットボール　その起源と発展』（訳、YMCA出版）、『バスケットボールの歩み』（分担執筆、日本バスケットボール協会）、『白夜のオリンピック』（平凡社）、『近代スポーツの超克』（分担執筆、叢文社）、『バスケットボール　勝利へのコーチング』、『バスケットボール・コーチング・バイブル』、『クリエイティブ・コーチング』（いずれも共訳、大修館書店）など、多数ある。

**バスケットボール物語《ものがたり》**—誕生と発展の系譜

NDC783／238p／19cm

初版第1刷発行　2011年5月20日

著　者———　水谷《みずたに》　豊《ゆたか》
発行者———　鈴木一行
発行所———　株式会社大修館書店
〒113-8541 東京都文京区湯島2-1-1
電話 03-3868-2651（販売部）03-3868-2299（編集部）
振替 00190-7-40504
[出版情報] http://www.taishukan.co.jp

装丁・扉デザイン———井之上聖子
編集協力———錦栄書房
印刷所———壮光舎印刷
製本所———三水舎

ISBN978-4-469-26709-9　Printed in Japan